OHSAMA BUNKO

# ふしぎなくらい
# 心の居心地がよくなる本

水島広子



三笠書房

# はじめに――なんだか「自分は大丈夫」な気がしてくる本

私は、「対人関係療法」という、効果についての科学的根拠が確立している精神療法を専門とする精神科医です。これまで多くの患者さんを治療してきて、また、ボランティア活動やその他の様々な活動を通して病気でない多くの方たちとも関わってきて、**「自分についての感じ方」が、心の健康、ひいては人生の質を左右することを痛感してきました。**

たとえ思うようにいかない出来事があったとしても、「たいていのことはうまくいく」「いざというときは何とかなる」という感覚を持っている人は、自分への信頼感がそれなりにあり、人生への満足度がそれなりに高い人だと言えます。

それは「自分を認められている」人ということでもあるでしょう。

「自分を認められる」ということは、本人が意識していないとしても自己肯定感が高いと言うことができます。「自己肯定感」というのは、無条件に自分という存在を肯定する気持ちのことを言います。自分がどんな状態であれ、「自分は自分でよいのだ」と思える、そこはかとない居心地のよさのことです。

それは決して、「私は仕事ができるから価値がある」「私は容姿が優れているから価値がある」というような性質のものではありません。それらは、「条件つきの肯定」と呼ばれるもの。「仕事ができる」「容姿が優れている」などという条件による不安定なもので、病気やケガ、加齢などによって「条件」が変われば当然その評価も変わってきます。

「条件」がどうであろうと「まあ、何とかなるだろう」と思えることほど、自分を肯定するものはありません。特に根拠はなくても「自分は大丈夫」と思える人は、自己肯定感が高いと言えます。

「自分はいつも失敗してばかり」「どうせうまくいかない」といった考えを持ってしまう人は、自分についての感覚も悪いと思います。「ダメな自分」「どうせうまくいかない自分」というふうに思ってしまうと、自己肯定どころか、自己否定的になってしまいますね。このような人は、「自分を認められない」人ということになるでしょう。

## 「どうせ……」「もしも……」

実は、「どうせうまくいかない」と感じる典型例が、うつ病のときの感じ方です。

うつ病というのは、簡単に言えば心身のエネルギーが枯れ果てた状態と考えていただいてよいのですが、気分が落ち込むだけでなく、不眠や食欲不振、疲れやすさ、頭痛、背中の痛みなど身体症状も現れる上に、「物事のとらえ方」(認知)

にも大きな問題が生じます。つまり、「何をやってもうまくいかない」「どうせ自分はダメだ」と感じるのです。

うつ病のときに見られる特徴の一つに、「自分で実現してしまう予言」と呼ばれるものがあります。それはどういう特徴かと言うと、「どうせうまくいかないに決まっている」と思っていると、たとえば就職面接などでの態度が、「どうせうまくいかないに決まっている」という思いを反映してしまい、態度もぎこちなくなり、相手にやる気を感じさせることができず、結果として不採用になる、というようなことです。

本人はその「不採用」という結果だけを見て、「やはりうまくいかなかった」と、自分についてのネガティブな感じ方を強めるのですが、実はその理由は「自分がダメな人間だから」ではなく、「どうせうまくいかないに決まっている」という、自分についてのネガティブな感じ方にあることが多いのです。

これはうつ病でない場合にも広く当てはめることができると思います。「どうせ自分はダメだ」と思っていると、態度が全般に消極的になります。すると、つかめるはずのチャンスからも遠ざかってしまうのです。

また、人がほめてくれても、「どうせおだてているだけ」と思って心を開けず拗《す》ねてしまったりすることにもなります。

せっかくある人を応援しようと思っていたのに、当の相手が心を閉ざして拗ねてしまう、ということでは、当然、「この人をサポートしてあげよう」というモチベーションが損《そこ》なわれることになりますね。これらの全てが、「どうせうまくいかない」という結論につながっていきます。

## 「次はうまくいく」「何とかなる」

一方、「次はうまくいく」「何とかなる」と思っていると、人間全体がオープンになり、いろいろな機会や人の親切に心を開くことができるようになります。もちろん感謝の気持ちも生まれますから、単なるギブアンドテイクというレベルを超えて、相手との間に温かい心の交流も生じ、結果として、「うまくいく人生」になるでしょう。

**何かを体験する度《たび》に「どうせうまくいかない」と思うのではなく、「次はうまくいく」と思えれば、はるかに幸せで充実した人生になっていくと思いませんか？**

もちろん、自己肯定感が下がり、自分を認められなくなったのには、それなりの理由があります。多くが、過去の不幸な体験に基づくものです（もちろん、現在進行中のうつ病の症状ということもありますが、それについては「おわりに」で触れます）。

本書は、決していわゆる「ポジティブ思考」をお勧めするものではありません。それなりの不幸な体験に基づいて自分を認められなくなった人が、単なるポジティブ思考で「うまくいく」と自分に言い聞かせても、それは一時的なものに過ぎず、決して「実力」にはならないどころか、場合によってはさらなる悪循環を招いてしまうからです。

「ポジティブ思考」の問題点については、随所《ずいしょ》でお話ししていきますが、本書では、「自分を認めること」を実力にしていけるように、いろいろな角度から見ていきたいと思います。

## 緊張しすぎて生きていませんか

先ほど、「まあ、何とかなるだろう」と思える人は自己肯定感が高いという話をしました。しかし「何とかなる」という感覚と自己肯定感がつながっていない人もいます。たとえば、自分の努力によって何らかの「成功」を手にしたとき、「私はたまたま恵まれて〝何とかなった〟だけで、自分の実力によるものではない。自分などにはとても値《あたい》しないまぐれの成功だ」と思う人もいます。

こういうタイプの人は、本来自分の成功であったものを、「単なる偶然」にしてしまっており、むしろ自己肯定感の低い人だと言えます。

あるいは、常に「最悪の事態」を想定しながら緊張して生きているタイプの人。

このタイプの人は、「最悪の事態」を想定しておくことによって、「それよりも悪いことが起こってショックを受ける」事態から自分を守ろうとしているのです。

そういう人たちは、たとえいいことが起こっても、「これで調子に乗ったら絶対に後で突き落とされる」と警戒心を強めがちです。このようなタイプは、世界に対しても自分に対しても信頼感がないと言え、やはり自己肯定感が低いということになります。心の病を持つ患者さんにも多く見られます。

患者さんと言えば、私が治療をしている人たちの多くは、特に治療終盤、物事がうまくいく体験を繰り返します。

それらは対人関係療法の効果として当然期待されるものです。しかし、「うまくいくようになりましたね」と言うと、概して自己肯定感の低い患者さんたちは、「まあ、今回はたまたまうまくいったのだと思います」とおっしゃることが多いです（「でも、『たまたま』もここまで続くということは、すでにご自分の実力と言えるのではないですか？」と後押ししていくと、だんだん「そうかもしれない」と思うようになり、それが、自己肯定感を育てていくのですが）。

つまり、ある出来事について「何とかなった」と感じることと、「いざというときは何とかなる」と感じることは、決して同じではないのです。健康な自己肯定感がなければ、「いざというときは何とかなる」と感じることができないと言えます。

「自分を認められる」とは、ネガティブな目詰まりがなく、「まあ、何とかなるだろう」という感覚をもとに、いろいろなことがプラスに循環しているもの、と言うことができます。そしてそんな生き方ができるときに、成功を自分の実力と感じられるのです。

本書では、**そんな健康な自己肯定感を持ち、自分で「心の居心地をよくする」**

**ための方法**を様々な角度からお伝えしていきます。そしてそれが、自分らしく幸せな人生につながっていくのだということを納得していただければ何よりです。

水島広子

もくじ

# 1章

## 「こうあるべき」と決めてかからない
### ――「本当にやりたいこと」がもっとできるヒント

2章

# 「なんで自分ばっかり……」に陥らない
## ——「被害者意識」の脱ぎ捨て方

3章

# 「人と比べて自分は……」から抜け出す

## ――「フェアでない現実」に直面したとき

4
章

# 「人からどう見られるか」を気にしない

## ――頼れる人、頼りになる人の見きわめ方

## 5章

# 「大切なもの」を見失わない
## ――一人ひとり、幸せを感じる「センサー」は違う

# 6章

# 「不向きなこと」は誰にだってある

## ――そんなに自分に厳しくしていて大丈夫？

7章

# 「これまであったこと」にとらわれない

## ——過去に引きずられず「今モード」で！

8章

# 「自分のペース」を乱さない
## ――心の傷は何気ない毎日が優しく癒やす

本文イラストレーション――加納徳博

# 1章

# 「こうあるべき」と決めてからない

## ――「本当にやりたいこと」がもっとできるヒント

# 自分のことは案外、自分が縛っている

あなたの中に、「〜であるべき」「〜すべき」といった考えはあるでしょうか。

この「べき」は「べき思考」とも呼ばれるもので、自分らしく、満足感のある人生を歩むために、まず手放さなければならないものです。

ただ、「べき」には二種類あります。

**・何かの目的に向けて進んでいる人が、「今こそ行動を起こすべき！」というような、必然を感じたときの「べき」**

### ・「こうあらねばならない」というタイプの、観念的な「べき」

前者のタイプの「べき」は、むしろ人生の満足感と関係がある場合も多いです。運命的な感覚で「今、私がやるべきこと」に取り組むことによって、「私はいつも時代に必要とされることができている。充実感・達成感が得られている」と感じられることもあるのです。

たとえば、

「今、私が地球のためにすべきことは、○○だ」

「今、私がすべきことは、子どもたちに○○を提供することだ」

などという使命感を心から持てた人は、まっすぐな心で、活動に取り組むことができるでしょう。

このタイプの「べき」は、手放す必要はありません。「使命」を見つけられたことは、むしろ自己肯定感を高めることにつながると思います。

もう一つの、後者の「べき」は要注意です。

「本当はやりたいこと」「自分の自然体」とは異なるのに、「こうあらねばならない」「これをすべき」などという考えに縛《しば》られてしまうと、自分の人生に満足感を得られなくなってしまい、いつも「何かをさせられている感」「自分が足りていない感」を持つことになります。

あるいはその「べき」は他人にも向けられ、「あの人はすべきことをしていない！」という不満につながります。

そんなに嫌なところばかりが見えていたら、もちろん人との関係性もうまくいかないですね。

これは「被害者意識」として、後ほどさらにお話ししていきます。

なお、本書でこれから「べき」について語るときは、後者のほうの「べき」、つまり、「こうあらねばならない」の「べき」のほうを意味していきます。

前者は本書で取り組む対象外だと考えます。

「やるべきこと」に縛られていませんか

本書などなくても、常に目標を見定め、運命の流れに身を任せて、自分らしく幸せな人生を送れると思うからです。

そういう人は、自分についての感じ方も、もちろんよいでしょう。

なお、使命感を持っている、必然の「べき」で動いている、とは言っても、自分についての感じ方が悪い、あるいは、他人に対してネガティブな思いを持つことが多い、ということであれば、その正体は後者の「べき」である可能性がありますので、引き続き本書を読み進めてみてください。

## 「〇〇べき」と考えるのを「〇〇したい」にする

「こうあらねばならない」という観念的な「べき」を持っていると、人生に満足感を得られないというお話しをしましたが、私たちは、特に真面目《まじめ》な人ほど、「べき」の中で生きていると思います。

「人間なのだからこうすべき」
「もう年なのだからこうあるべき」
「女性なのだからこう振る舞うべき」

……等々、様々な「べき」がありますね。

「べき」は社会の秩序を作るように見えますが、一方で、人の心に無理や我慢、つまりストレスを生むものです。うつ病などの患者さんを診《み》ていると、どれほど多くの「べき」に縛られているかに驚くことも少なくありません。

## 「部屋は片付けるべき」を「きれいな部屋にしたい」に

社会の秩序、という観点から見たときにも、実は「べき」は決して効果的なものではありません。

「べき」ばかりで生きると、その「べき」を守らない人たちに対して、「どうして自分だけ?」というような被害者意識が育ってしまい、それが何かの際に爆発したり、他人への不親切・不寛容な行動になったりしてしまうこともあるからです。

心の居心地をよくするためには、「べき」ではなく「したい」なのです。
行動を大きく変える必要はありません。

**「部屋は片付けるべき」ではなく、「きれいな部屋で暮らしたい」。**
**「栄養に気を配るべき」ではなく、「自分の身体を大切にしたい」。**

**そうやって「べき」を「したい」に置き換えていくと、本当は不要な習慣を整理することもできるでしょう。**

何と言っても、私は送りたい人生を送っているのだ、したいことをして暮らしているのだ、と思えると、「自分を大切にしている」という感覚が強まると思います。

主体的に生きる、ということが、自己肯定感を高めるためのキーワードです。

# 2章

# 「なんで自分ばっかり……」に陥らない

## ——「被害者意識」の脱ぎ捨て方

# 「どうしてこんなことに」と思ってしまう理由

不本意なことが起こったとき、「どうしてこんなことに」「どうして自分だけ」と感じた経験をお持ちの人は多いでしょう。

それ自体、何の問題もありません。自分にとって不本意なことが起こったとき、それに対してネガティブな反応が起こるのは、自己防御能力を持つ人間にとっては自然なことだからです。

しかし、「どうしてこんなことに」「どうして自分だけ」という反応にずっととどまってしまうと、様々な悪循環が起こってしまいます。

どういうことか、ご説明しましょう。

「どうしてこんなことに」「どうして自分だけ」というような感じ方は、端的に言えば「被害者意識」です。

「被害者意識」にとらわれてしまうと、それからも起こることがみな、「被害者意識」を通して受け止められることが多いのです。

あらゆることに対して「どうしてこんなことに」「どうして自分だけ」という受け止め方をしていたら、人生の満足感も、自分に対する信頼も得ることができませんね。

## 無理なポジティブ思考で強がらなくていい

**出来事に自己肯定感を左右されないためには、まずその「被害者意識」を手放す必要があります。**

**もちろん、いわゆる「ポジティブ思考」で無理やり手放そうとする必要はありません。**

不本意なことに本当は打ちのめされているのに、
「これは学びの糧《かて》。むしろありがたいと思おう」
「自分はポジティブだから、気にしない」
と強がる必要はないのです。

「はじめに」でも触れましたが、本書では「ポジティブ思考」を勧めるつもりは全くありません。

「ポジティブ思考」は、一時的には効果的に思えるかもしれませんが、結果として事態をかえって悪くしてしまうことが多いのです。

本当に傷ついている自分を追い込んでしまうこともありますし、「ポジティブ思考」を振りまくことが周りの人を傷つけることもあります（実際、「ポジティブ思考」の人が身近にいて苦しんでいる人はかなり存在するのです）。

そもそも「ポジティブ思考」が「ポジティブにとらえるべき」という究極の「べき」だと気づけば、満足感のある人生に導いてくれるものではないとわかります。

**必要なのは、「べき」ではなく、「癒《い》やし」なのです。**

すでに傷ついている自分に対して、「これは学びの糧。むしろありがたいと思おう」などと、さらにむち打つ必要はないのです。

## 「現実」をもうちょっと見てみると……

「癒やし」の第一歩は、自分の傷を認めること。そのためには、まず「現実」を「現実」として認めることが必要です。

実は、「現実」を「現実」として認める、ということは、幸せで充実した人生を送るためには必要なことです。

確かに、「現実」には、「自分はいつも損してばかり」「どうせうまくいかない」と感じさせる力があります。「現実」から逃げたがる人がいるのも、そのためだと思います。「うまくいかない自分」を感じたくないので、望まない現実を敢《あ》えて見ないようにする人もいます（単に認めずに頑固になる人もいれば、アルコールなどに逃げ込む人もいます）。思い通りにいかない現実を全て人のせいにして、自分は無関係になろうとする人もいますね。

しかし、否認によって「自分を認められる」ようになることはできません。「はじめに」で触れたように、「自分を認められる」とは、ネガティブな目詰まりのない、好循環なのです。どこかを否認してしまったら、それは「目詰まり」になります。

**つまり、「自分をちゃんと認められる」ようになるためには、「現実」は「現実」として認める必要があるのです。**

## 「かわいそうな自分」の取り扱い方

その際に重要なのですが、「現実を受け入れる」というのは、単に「起こった事実（多くが不本意なこと）を否認しない」というだけの意味ではありません。

先ほど、自分にとって不本意なことが起こったとき、それに対してネガティブな反応が起こるのは、自己防御能力を持つ人間にとっては自然なことだとお話ししましたが、「現実を受け入れる」ということは、「ネガティブな反応を起こす自分自身も受け入れる」ということなのです。

「ネガティブな反応」の中には、もちろん、「どうしてこんなことに」「どうして自分だけ」などという気持ちもあるでしょう。それはそれでよいのです。

人間にとって、あらゆる変化がストレスです。心身が、その変化に適応しなければならないので、何かしらの負担がかかってくるのです。特に、その「変化」（何らかの出来事に見舞われることも、適応が必要な「変化」と言えます）の内容がネガティブな意味合いのものだったら、それに強くショックを受け抵抗する気持ちが生じるのは自然な反応です。

それを知った上で、「人間だから、そういうふうに思うのは当然だなあ」と思えれば、案外その「反応」からは脱しやすくなります。

「反応」に巻き込まれてしまっているときにはそれが「全て」に思えますが、「人間として当然起こってくる反応」と客観的に見ることができれば、その時点で、本質的には「反応」から脱している、と言えます。

すぐに「反応」がゼロになるわけではなくても、自分を支配するものではなくなるのです。

「人間に起こりがちなこと」を知っておくのは、実に有用なのです。

「反応」から脱してしまえば、いつまでも「被害者意識」に引きずられることがなくなります。

**「反応」から脱すること＝「被害」は認めるけれども「被害者意識」からは脱すること。**

不本意なことは確かに起こったけれども、「どうして自分だけ」という感覚にとらわれる必要はないのです。この理解が自分についての感じ方をよくし、「充実した人生」を可能にしていきます。

また、そもそも自分は不本意なことによって傷ついているのですから、「ああ、こんなことが起こってしまった。かわいそうな私。しばらく自分を労《いたわ》ってあげよう」

と思えば、十分なのです。

そんなふうに自分に優しく接する習慣をつけていけば、だんだんと、「反応」から脱するのが早くなります。

# イライラはポンと手放す

「癒やし」の次のステップは、意識して自分を「被害者意識」から解放することです。これは、第一ステップの「自分の傷を認める」（人間として当然の反応を認め、傷ついた自分を労る）の次に行わないと、「ポジティブ思考」と同じことになってしまいますので、気をつけてください。

また、「被害者意識」の手放しを、くれぐれも「べき」で行わないようにしてください。あくまでも「癒やし」なのです。

つまり、「被害者意識」がもたらす「害」に気づき、その「害」から自分を解放して楽にしてあげる、ということです。

「どうしてこんなことに」「どうして自分だけ」と思いながら生きていく、というのは、常に有毒ガスを吸って生きているようなもの。ものすごいストレスなのです。

そもそもが、不本意なことによって十分痛い目に遭《あ》っているのに、さらに「被害者意識」によるストレスを加えて自分を痛めつける必要はない、というだけの話です。

「『被害者意識』を手放すべき」ではなく、「『被害者意識』を抱え続けるのはきつすぎるから、手放してしまおう」なのです。

ここで私自身に起こった体験を少々ご紹介しましょう。

私は富山で専門家を相手に夜の講演をすることになっていました。

講演を企画して航空券も手配してくれた某社からは、講演の数日前に航空券が届きました。

バタバタしていましたが、念のため、講演の前日の夜に航空券を確認したところ、なんと行き先が「富山空港」でなく、「小松《こまつ》空港（石川県）」になっているではないですか！

たくさんの飛行機に乗ってきましたが、こんなことは初めてです。

もちろんパニックです。

気づいてすぐ、講演を企画した会社に夜の8時すぎに電話をしたら、幸い残業している人がいて、担当者に連絡してもらうことができました。担当者はもちろんチケットを取り直してくれました。

しかし、往路は予定通りの便がとれて講演そのものは大丈夫だったのですが、復路が、私の希望した朝の便がとれず、私は東京での日程を一つつぶすことになってしまったのです（珍しく私的なものだったので、講演等で起こりそうな賠償金問題などは生じませんでしたが、大切な日程であることには違いありませんでした）。

その担当者は、あまり悪いことをしたという自覚がないらしく、富山に向かう当日、浜松町《はままつちょう》のモノレールの駅までチケットを持ってきてはくれましたが、「すみませんね」程度の対応。

払い戻しのことばかりが頭にあったようで、間違ったほうのチケットの回収に熱心でした。

ああ、この人は絶対に上司に報告して責任をとろうとしないな、ということは見え見えでした（案の定、その人の上司が後日連絡をしてくる、ということはありませんでした）。

講演は無事すんで参加者の皆さまともとてもよい雰囲気だったのですが、帰りのスケジュールが変わって東京での日程がつぶれたことに、私は相当イライラしていました。

この場合、もちろん私は客観的に「被害者」なのですが、「被害者意識」にも相当取り憑《つ》かれていたということです。

私はイライラがとても苦手で、イライラしていると仕事にも何にも集中できなくなります。

その苦しさと不毛さがほとほと嫌になり、「よく考えてみたら、ここでイライラしたからといって早い飛行機に乗れるわけでもないな」と、**イライラするのをやめることにしました。**

たまたまよいホテルをとってもらっていたのでホテルの朝食をとり（自分でとるときは安いビジネスホテルなので、持参の乾燥玄米などを食べます）、仕事をしてゆっくりチェックアウトし、空港でも、普段なかなか読む時間のとれない本を読むことにしました。

イライラしていたら、いずれも楽しめなかったはずです。

そうは言っても、朝食がとれた、よいホテルでゆっくり仕事ができた、空港で本が読めた、などというのは、実は「おまけ」程度のことでした。

そんなことよりも圧倒的だったのは、イライラするのをやめたときの、あの何とも言えない解放感です。

強《こわ》ばっていた全身が、スーッと溶けていくような感覚でした。とても上質なマッサージにでも行けばこんな感覚が得られるのだろうか、と想像してしまうような、まさに「癒やし」の体験でした。

そこから、「被害者意識」がどれほどのストレスを自分に与えるものであるかが、よくわかりました。

もちろん「被害」には遭ったわけですから、機会があればいつでも謝罪は受けたいと思います（もう何年も前のことなので、今更謝罪もないでしょうが）。もしも私がつぶしてしまった日程が講演で、賠償金を請求されていたら、その金額を、航空券を取り間違えた会社に請求することも十分考えられた状況です。それでも、「被害者意識」を持たずに、それらの手続きを進められたと思います。

**「被害」を受けるということと、「被害者意識」を持ち続けることを、明確に区別できたのが、**この一件でした。

# 自分のモノサシで人を見なくていい

前項でご紹介したような、単発的な航空券手配のミスくらいであれば、「被害者意識」は比較的手放しやすいものです。もっと難しいのは、身近にいる相手から、繰り返し「被害」を受けるような場合でしょう。

上司や同僚から嫌味ばかり言われたり、好きなように振り回されたりするなど、慢性的に「被害」に遭ってしまうと、それはもはや自分という人格に対する侮蔑《ぶべつ》や攻撃であって、「被害者意識」は正当なことのように思われても仕方《しかた》ありません。「なぜこの人が自分の人生にいるのだろう?」と思うような人が身近にいると、「どうして自分だけ」という感覚に至るのもわかります。

**しかし、ここで大切な視点は、それが実は「相手側の問題」だということです。**

**つまり、「なぜ自分が?」と感じるのではなく、「こんなひどいことをする相手には、それなりの事情があるのだろうな」と考える、ということです。**

一般に、他人に対して嫌なことをする人は、その態度がどれほど偉そうなものであっても、どれほど正当な理屈を述べ立てていても、自己肯定感が低いと言えます。だから本当の意味での自信がなく、自分の責任として何かを引き取ることもできず、自分の権威がなくなることに怯《おび》え、自分を守るために、人を貶《おとし》めたり振り回したりしてしまうのです(念のため申し上げておきますが、自己肯定感の低い人が皆、他人に対してひどい態度をとるというわけではありません)。

なぜ自己肯定感が低く育ったのかというと、「評価」の被害者である場合が多いです。

ネガティブな評価を下されながら育ったり、存在を否定され続けたり、常に他人と比較されて劣位《れつい》に立たされたり。

あるいは、よい評価を受けたとしても、それがプレッシャーになって、「出来が悪くなったら自分は見捨てられる」と思ったり。

そんな無数の傷を抱えていることが多いのです。

「評価」という言葉は、いろいろな意味で用いられていますので、本書ではどういう意味で使うかを明確にしておきたいと思います。

**本書で「評価」と呼ぶのは、「個人による、主観的な評価」のことです。**

人間がいろいろなことに対して主観的な評価を下すのはむしろ当たり前のことです。「この人は危ないな」と思えば距離を置く、というように、自己防御的に働く力だからです。

しかし、それはあくまでも、自分の性質（受け止め方）や、自分が知っていることに基づく、極めて主観的なもの。そして、あらゆる人が、それぞれの性質や知っていることに基づいて、主観的な「評価」を下しているのです。

自分の下す「評価」が自分固有のものだということに無自覚でいると、まるで唯一絶対の真実であるかのように自分の「評価」を他人に押しつけることになってしまいます。すると当然他人の内心の自由を侵害することになりますから、暴力的にもなり得るのです。

## たとえ「ひどいこと」を言われても

命に関わるほどの「トラウマ」（医学的定義によるトラウマ。トラウマについては、4章でお話しします）と区別して、親子、学校での力関係など、逆《さか》らえない力関係の中で日常的に繰り返し受ける傷（それらは主に「評価」の押しつけによるものです）を私は「プチトラウマ」と呼んでいますが、それは命に関わらないという意味では「プチ」であるとは言っても、まるで「常識」のように刷り込まれるので、自己肯定感を下げる効果は絶大です。

「評価」を当たり前のように押しつけられて生きてきた人（生きさせられてきた人）は、人にも同じような姿勢で接することが多いものです。

私は臨床《りんしょう》や様々な活動を通して、「評価を下し合うことだけが人間関係」と信じ込んできたような人をかなりたくさん見てきました。

評価によって傷ついてきた人は、自分はそういうことをやめようと考える以前に、「評価を下す以外の人間関係を知らない」という場合もありますし、あまりにも自然な習慣として身についてしまっているので問い直すこともしない、という場合が案外多いのです。

プチトラウマをそれほど受けずに生きてきた人は、基本的に優しいものです。それが人間の本来の姿と言えるのでしょう。**評価を下すのではなく、「人それぞれだな」と思えるのです。**

例外的に、発達障害の方たちの中には、育ち方とは関係なく、「ひどいこと」

を言う人もいます。彼らが「ひどいこと」を言うのは障害特性ゆえに止められませんが、「障害があるために、それがいかにひどいことかを気づかずに言ってしまうのだな」と知っていくことによって、やはり「相手側の問題」と認識することができ、自らの傷を防いでいくことができます。自分が被害者意識を持つような性質の問題ではないのです。

相手には自己肯定感を育《はぐく》んでもらえなかったような「事情」があるのだな、という視点は、自分を被害者意識から解放してくれます。

そもそも、低い自己肯定感は生きづらさにつながりますから、どれほど偉そうにしていても、その人が心からの幸せを感じているということはまず考えられません。

そう考えてみると、「邪悪な加害者」に思えた相手を、「不幸で、不適切な振る舞いをしているだけの人」と位置づけ直すことができるでしょう。

「どうして自分だけ」と思わなくなると……

もちろん「不本意なこと」はできるだけ避けたいですから、可能な限り距離を置き、巻き込まれにくくしましょう。

そして万が一、巻き込まれてしまったら、「相手の問題がこちらに飛んできた」くらいの認識にとどめると気が楽ですし、「相手側の事情によるもの」という安定した視点を持てると、「何とかなる」という感覚にも貢献します。問題のある相手に振り回されない自分には、よい感じが持てるからです。

もちろん自分にも「事情」がありますが、それについては6章でお話しします。

3
章

# 「人と比べて自分は……」から抜け出す

## ——「フェアでない現実」に直面したとき

# なんで他人のほうがよく見えるのか

「自分はいつも失敗してばかり」「どうして自分だけ」と強く感じるタイミングの一つが、他人と自分を比べるときです。

恵まれた環境で、愛情あふれる親から無条件に愛され、いじめも受けず何不自由なく育ち、その結果として、満たされた、バランスのよい人生を手に入れた人を見ると、「フェアではない」と感じることも多いと思います。

特に、子どもの頃に虐待《ぎゃくたい》された人、家庭の事情により制約が大きかった人はそう感じても何の不思議もありません。

経済的なことだけでなく、社会を見る目、人を見る目がすっかり変わってしまうからです。

2章で、それぞれの人には「事情」があるとお話ししましたが、自分が何を持って生まれるか、どのような環境でどのように育てられるか、などは、基本的に自分が選べるものではありません。

そのような要素に「自分自身」を結びつけてしまうと、人生の最初から困難な未来が決まっているように感じられ、幸せな人生が送れるとはとても思えないかもしれません。

あるいは、一発逆転のための「偶然」を狙《ねら》うようになるかもしれません。ギャンブルなどむしろリスクの高いものに手を出したり、弱肉強食で他人を蹴《け》落《お》とさなければ幸せにはなれない、と思ったりしてしまうかもしれません。

いずれの生き方も、結果として「幸せで充実した人生」を遠ざけると言えます。「自己肯定感に基づく好循環」とはほど遠いものだからです。

人それぞれ、自分ではどうすることもできない「事情」があります。

その「事情」を抱えながら自己肯定感を高めていくにはどうしたらよいか、ということを考えたいのですが、**他人の「事情」と自分の「事情」を比べてしまうと、自分ではどうすることもできないことについて、自分をさらに苦しめる、ということになってしまいます。**

「被害者意識」による目詰まりを起こすこともあるでしょう。

# 人の「幸せそうなSNS」が目に入ったら

他人と自分を比較していろいろなことを感じている人は、実際のところかなり多いものです。

そしてそこに着眼して、「他人と自分を比較しないように」ということは、案外いろいろなところで言われています。

しかしほとんど常にそこにあるニュアンスは、「羨望《せんぼう》しないように」「嫉妬《しっと》しないように」というような道徳的なものだったり、「比較からネガティブが始まる」というポジティブ思考系のものだったりするように思います。つまり、大きく言えば「べき」の話が多いのです。

本書では、「べき」とは相容《あいい》れない「人生の満足感」を考えていますので、「他人と自分の比較」についても、自己肯定感を高め、「自分をちゃんと認められる」ようになることを目指す観点から整理していきましょう。

## 魔法の言葉――「今は、これでいい」

他人と自分の比較に意味がないということが頭でわかっていてもなお、比較せざるを得ないときがあります。

それは、他人の「うまくいっていること」から衝撃を受けたときです。

仕事での成功、私生活の充実など、他人についての何かしらの情報に触れると、衝撃を受けることがあります。

同じように仕事をしていたつもりの同僚が突然注目を浴びて出世したり、同じように異性関係に恵まれないと思っていた友人が突然婚約したり。いろいろな衝撃がありますね。

特に今はSNS（ソーシャル・ネットワーク・サービス）の時代。それが「盛られたもの」であったとしても、人の幸せそうな様子から、衝撃を受けることはたくさんあると思います。


人は衝撃を受けると、そこから自分を守ろうとしますので、「もう傷つかないためには」という方向に心身がシフトします。

他人の「うまくいっていること」から衝撃を受けたということは、「自分がうまくいっていない」ということですから、そういう自分を正そうとして深掘りするような精神状態になっていきます。

つまり、「あの人はうまくやっているのに、どうして自分はこんなにダメなの？」と、自分を責め、どんどん追い込んでいくような精神状態になるのです。

そんなときに「自分と他人を比べるなんて、ダメな人間だ」という考えを持ち込んでしまうと、さらに自分を責めることになってしまいます。

もともと「ダメな自分」が気になっているのですから、ますます、「他人と自分の比較」構造が強まってしまうのです。

こんなときもやはり、必要なのは「ポジティブ思考」でも「べき」でもなく、「癒やし」。

「衝撃を受けたのだから、反応としては仕方ないな」ととらえつつ、「自分には自分の事情がある。それを考えれば、『今は、これでいい』のだ」という方向に結論を設定しておけば、後は時が癒やしてくれると思います。

**「今は、これでいい」は魔法のような「癒やし」の言葉です。そして実際に、真実でもあります。**

それぞれの人が、それぞれの「事情」の中で頑張って生きています。「努力すれば何でもできるはず」「できていない自分はやる気が足りない」などというのは、「事情」を無視した考え方です。

努力したときにどれほど「成果」が上がるか、というのはそれぞれの「事情」を反映します。また、「やる気」がどれほどあるか、ということも「事情」によります。

何らかの理由により現在気力がないことも「事情」ですし、過去の失敗からやる気を失ってしまっている、というのも「事情」です。

こうやって考えてみると、「事情」を無視する考え方というのは、自分が完璧で万能な存在であるかのような、非現実的で傲慢《ごうまん》な考え方だとも言えますね。

## どこかにぶつかったら痛いのは当たり前。だから……

衝撃を受けて「自分はダメだ」と思うことは、まさに人間として当然の「反応」であって、その内容を追求することにはほとんど意味がありません。どこかに身体をぶつければ痛いのと同じことだからです。

痛ければ、「ああ、ぶつけたからだ」と思うのと同じように、「自分はダメだ」

という感覚が強まれば、「ああ、衝撃を受けたからだ」と思えばよいだけの話なのです。

他人と自分を比較してしまうと、衝撃を受ける機会が増えます。そして、その「衝撃への『反応』に過ぎないもの」を「やっぱり自分はダメなんだ」という結論につなげてしまったり、「比較する自分はダメだ」と自責《じせき》的になったりしてしまうと、「ああ、衝撃を受けたからだ」とさらりと受け流すことが難しくなってしまいます。

39ページで、「人間に起こりがちなこと」を知っておくのは実に有用だということをお話ししましたが、衝撃を受けたときに人間に起こりがちなことを知っておくことも、とても有用なのです。無駄に自分を貶めることがなくなりますし、「満足感のある人生」への軌道修正が容易になります。

「衝撃」からの立て直しに案外大切なのは、日常生活です。

日常生活の重要さについては8章でお話ししますが、衝撃を受けても、淡々と

気になることがあっても「今は、これでいい」

日常生活を送っていれば、案外早く解決するものです。「人生の深掘り」よりも「日常生活を送る」ことのほうが効果的、ということを知っておいてください。

**「人生の深掘り」をしている限り、「プラスの循環」などには恵まれませんし、「自分を認める」こともできません。自分の悪いところばかり目につくからです。**

なお、支えてくれる人間関係があれば、さらに衝撃からの回復が早くなります。

そうは言っても、人間関係に恵まれていないと感じる人も多いと思いますので、それについては次章を読んでみてください。

# つい、「勝った・負けた」と思ってしまいがちな人へ

他人と自分を比較することと関連して、「勝つ」ことこそ「人生の目的」であり「幸せ」だと思っている人もいるようです。

「負け組」「負け犬」「敗残者」などの言葉も、「負けることは不幸なこと」と示しているように見えます。

「勝ち組」の人が必ずしも人生に満足感を得ているわけではない、ということについては5章でお話ししたいと思いますが、そもそも、「勝ち負け」とは何なのでしょうか。

「勝ち」の前提としては、自分にとって「正しいこと」がある、と言えます。
自分にとって正しいと思えることで、成果を上げることができれば（あるいは相手を負かすことができれば）勝ったと思えることでしょう。
「勝つ」ことに価値を置いている「勝ち組」の人たちは、「負け組」の人たちに対してとても厳しいです。そういう意味では、「勝ち組」であることを「正しいこと」だと思っているのでしょう。

しかし、2章でお話ししたように、人にはそれぞれの「事情」があります。それぞれの人にとっての「正しさ」は違うのです。一般に「親を大切に」は、共有されている価値観かもしれません。でも、親にひどい虐待を受けた人にとって、「親を大切に」は、さらなる虐待です。

**ある人にとっては正しいことであっても、他の事情を抱えた人にとっては正しいと言えない場合もあるのです。**そして、全ての人の「事情」を知ることなどとてもできないのですから、大きな理解としては、自分から見て不適切な言動だと思うことを、「きっと何かの事情があるのだろうな」と受け止める、というのがせいぜいでしょう。

## 「正しさの押し売り」に負けるな

自らにとっての「正しさ」で、異なる相手をやりこめて「勝った」と感じても、それが本当の意味での自信や、人生の満足感にはつながらないと思います。むしろ「敵」を増やすという意味で、「悪循環」につながるリスクのほうが高いと思います。

また、自分に対してよい感じを持てる人は、「事情」を考えることができる、ということを2章でお話ししましたが、これも、目詰まりを起こさずに好循環を続けるにはとても重要なことです。

ですから、**「満足感のある人生」を送るためには、「勝ち負け」という軸を手放**

**す必要がある**と思います。

それにしても、実際にはそれぞれに「事情」があるのに、「自分が正しいと思うことこそが、正しいこと」と信じている（あるいは主張している）人は、どういう人なのでしょうか。

もちろん、小さな子どもについては、そのような考え方はむしろ健全なことだと言えるでしょう。知っていることがあまりに少ないのですから。その後、成長の過程で、「世の中にはいろいろな人がいるのだ」ということを学びながら、だんだんと「正しいこと」は一つだけではない、自分とは全く違う目で社会を見ている人たちもいる、ということに気づいていくわけです。

ところが、いい大人になってもなお「自分が正しいと思うことこそが、正しいこと」という前提でいる人たちは、おそらく「負けること」への怖《おそ》れがあるのだと思います。

常に正しくしていないと人間としての価値が下がるというくらいに思っているのではないでしょうか。

これでは、「自分は自分でよいのだ」と思えることの基礎となる、「自己肯定感」に問題があると言わざるを得ません。「自分が一番正しい」という条件つきの肯定に過ぎないのです。

「自分を認められる」とは、「自己肯定感に基づく好循環」ですから、「負けること」への怖れがある人は、「自分をちゃんと認められない」ということになります。

# 4章

# 「人からどう見られるか」を気にしない

## ――頼れる人、頼りになる人の見きわめ方

## 「ショック」は一人だけで乗り越えなくていい

「幸せな人」は人間関係に恵まれている、というイメージがあると思います。困ったときに友人から助けてもらった、友人から条件のよい仕事を紹介してもらった、あるいは友人から生涯のパートナーを紹介してもらった、など、恵まれた人間関係から多くを受け取る人はたくさんいるからです。

同業者交流会、異職種交流会など各種の集まりも、同じような発想で作られたものなのではないかと思います。「幸せな人は、人間関係に恵まれている」という発想があるから、「より恵まれた人間関係」を求めて、人はいろいろな場に出向くのだと思います。

私は、**本当のポイントは「どれだけよい人が見つかるか」ということよりもむしろ「どのように人と関わるか」という自分自身の心のあり方なのではないか**と思っていますが、まずは、「幸せな人は、人間関係に恵まれている」ということを学術的に確認しておきたいと思います。

また、その上で、ポイントとなるのはどこなのか、ということを後ほど見てみたいと思います。

なお、今現在人間関係に全く恵まれていないと思っている方は、「幸せな人は、人間関係に恵まれている」という一文を見ただけで、「ああ、やっぱり自分はダメだ」と「不幸せ」感に陥《おちい》っておられると思います。そういう人も絶望する必要はありません。ぜひ、続きを読み進めてください。

## 「自分を守ろう」とすると心身に何が起こる？

さて、「不本意な出来事」の最たるものが、「トラウマ体験」です。

トラウマ体験というのは、医学的には、命に関わるほどの衝撃的体験（災害、事件、事故、戦争など）のことを言い、それによってもたらされる一連の心的外傷をトラウマと呼んでいます。

トラウマ体験に遭うと、ほとんどの人がストレス反応を起こします。それはとても自然なことです。自分の存在が脅《おびや》かされるほどの目に遭ったのですから、それを思い出さないように、そういう状況を避けるように、と心身が働くのは当然のことです。

自分を傷つけそうなものは避ける（結果として日常生活の不自由が起こるのですが）、最も苦しいことは忘れる（記憶がまだらになる、全く覚えていない、ということもあります。あるいは、その話題になると頭がボーッとしてくることも）、常に警戒態勢になって、ピリピリし（怒りっぽくなる人も多いです）、睡眠もろくにとれないほど覚醒《かくせい》度が高まる、というようなことは誰にでも起こります。これは正常な「反応」です。自分をこれ以上傷つけないように、と心身が自己防御的に働くのです。

## 「立ち直る」ために一番大切なこと

どんな人でも、衝撃的な体験をした後には、ストレス反応を起こし得るのですが、それが日常生活に支障を来《きた》すほどのレベルで、一ヶ月以上持続する（PTSDと診断される）ようになる要因の第一位は、何だと思われますか？

多くの人が、「どれほど悲惨な体験をしたかが、その後の経過を決めるのだろう」と思いがちだと思います。しかし、研究結果*が示す第一位は、「身近な人による支え（ソーシャル・サポート）の有無」なのです。

つまり、一般に考えられているように、「悲惨な体験をすればするほど乗り越えにくい」という単純な話ではなく、**悲惨な体験をしたとしても、身近な人によって支えられているという感覚が持てれば、回復に貢献するということなのです。**

これは、「自分は一人で乗り越えなくてもよいのだ」と、自分の無力感や孤独感を和《やわ》らげ衝撃のハードルを下げる側面があると同時に、身近な人とのやりとりそのものが「日常」であるという側面もあります。3章でも少し触れましたが、日常生活の中にこそ、衝撃からの回復要因がたくさんあるからです(日常生活については、8章で改めてお話しします)。

身近な人による支えの有無は、衝撃によるストレス反応をPTSDという病気に移行させる要因のうち最も重要なものですが、単に物理的に「身近に人がいるか」ということだけでなく、その関係性にもよります。身近に人がいても、「支えてもらえている」という感覚が持てなければ、心的外傷からの回復はそれだけハードルが高くなるでしょう。

「支えてもらえている」という感覚の持ち方は、人それぞれです。それぞれに適したやり方で「支えてもらえている」と感じられればよいのです。原則的には、本人の意向を尊重した、安定した「支え方」が望ましいと言えます。

**ここまで見てくると、「幸せな人は、人間関係に恵まれている」と言っても、それは単に、「よい仕事を紹介してもらえる」というレベルの話ではなく、自分の健康にすら関わるということがわかります。**

*研究結果：Chris R. Brewin.; Bernice Andrews.; and John D. Valentine. (2000) "Meta-Analysis of Risk Factors for Posttraumatic Stress Disorder in Trauma-Exposed Adults" Journal of Consulting and Clinical Psychology Vol. 68, No.5,748-766.

# どんなときでも「まあ、何とかなるだろう」

心的外傷からの回復には、「まあ、何とかなるだろう」と思える感覚がとても重要です。ひどい衝撃を受けて自分も人生もバラバラになってしまった、というときには、「どうしたらよいかわからない、これからどうなるのかわからない、何を信じたらよいのかわからない」という状態になってしまい、とても「まあ、何とかなるだろう」どころではないからです。

「身近な人による支え」が、「自然な反応」を「病気の症状」へと移行させるかどうかを決める重要な因子《いんし》であるということからも、やはり回復のカギは「まあ、何とかなるだろう」という感覚であることがわかります。

**自分を支えてくれる人がいる、という安心感があると、「まあ、何とかなるだろう」という感覚に近づけるのです。**

実は、「まあ、何とかなるだろう」という表現は、「はじめに」ですでにご紹介したものです。「まあ、何とかなるだろう」と思えることほど自分を肯定する感覚はない、という文脈でお話ししました。

また、「はじめに」の中では、「たいていのことはうまくいく」「いざというときは何とかなる」という感覚を持っている人は、人生への満足度がそれなりに高い人であり、「自分を認められている」人だということもお話ししました。

**これらのことをまとめると、「自分をちゃんと認められる」人は、人から支えられているという感覚を持ち、今の生活におけるストレスも少ない、と言えます。**ストレスがあるとしても、「まあ、何とか解決していけるだろう」という感覚を持つことができているでしょう。それらが、「まあ、何とかなるだろう」という基本的な感覚につながるのです。

## 「助けてもらう」のは恥ずかしいことではない

「自分は幸運である」と感じる状況の一つに、「人から助けてもらえた」ということがあるでしょう。それが求めて得られたものであっても、思わぬところからの助けであっても、あるいは全く知らない第三者からのちょっとした親切であっても、人から助けてもらえることは、「幸せ」を感じさせます。

人が助けてくれる、という出来事そのものは「幸運」なのかもしれません。

しかし、人から助けてもらえるためには、助けに対して心を開いておく必要があります。人が助けてくれようとしているのに、「自分はそれに値しない」「人に助けてもらうのではなく、自分で努力しなければ」「ここで親切を受けたらどうやって返したらよいかわからないから、受けられない」などと心を閉ざしてしまったり、あるいは相手に対して警戒してしまったりすると、受け取れるものが受け取れなくなってしまいます。

**人生の満足感がそれなりに高いと、基本的に心が開きますから、他人からの助けを得やすくなります。その結果として、人から支えられている感覚を持ちやすくなり、充実した感覚が強化される、という好循環に入ります。**

自分についての感じ方がよくなるだけでなく、相手や人間全般への感謝も強まりますので、他の人を助けることで「幸せ」を分かち合うこともできるようになります。「分かち合う」ことも、人生の満足感を増します。人を助けられる自分への感じ方もよりよくなるからです。

このように、「好循環」はやはり「自分をちゃんと認められる」ことのキーワードなのです。

# 手を差し伸べてくれる人がいたら

世の中には「詐欺《さぎ》」というものがあります。

詐欺に引っかかることは、明らかな「不本意」であり、そんな体験をすると「どうして自分だけ」と感じるようになるのも当然だと思います。「詐欺」という類《たぐい》のものでなくても、人からだまされたり裏切られたりした経験がある人は、他人に対して警戒的になるのも理解できます。

相手が助けてくれようとしたとき、それが受け入れてよいものなのか、警戒したほうがよいものなのか、という判断は、基本的には日常的な人間関係の中で養われるセンスです。
**そのセンスを磨くポイントは、「誠実さ」だと言ってよいでしょう。**まずは自分が誠実に生きること。「相手にどう思われるか」ではなく「自分は誠実か」を軸に生きることです。

ここで対立軸を「誠実か」「不誠実か」に置くのではなく、「誠実か」「相手にどう思われるか」に置いているのには理由があります。

**「誠実さ」を中心に置くと、視野から「自分」が消えるのです。**

誠実にしている限り、自分について気にする必要がないからです。すると、見えるのは「相手」だけになります。相手が誠実な人かどうかを見抜く能力が高まります。自分は誠実に関わっているのに、不規則な言動を返してくる人は、おそらく「事情」があるのだろうな、と「相手の問題」として見ることも容易になります。

一方、「相手にどう思われるか」を軸に生きてしまうと、目に入るのは実は「自分」だけ。自分がどう見られているか、ということしか考えられなくなってしまい、目の前にいる相手の誠実さを推《お》し量《はか》ったり、相手の「事情」に思いを巡《めぐ》らせたりすることができなくなってしまうのです。

相手が不規則な言動をとってくるとしても、それは「相手の問題」ではなく、「自分が何か悪いことをしてしまったのではないか」というふうにしか見ることができなくなってしまいます。

「相手はどういう人か」に目がいかなくなってしまうので、相手の誠実さを感じる体験などできなくなってしまいます。当然、相手の「助け」が本物かどうかの区別をする能力も身につきません。

## しがみつかない、支配されない

自己肯定感が低い人の中には、人が自分のために何かをやってくれるというだけで、「受け取らなければならない」「断るなんて失礼」という感じ方をする人も少なくありません。

あるいは、「こんな自分のことを気にかけてくれる人なんて、二度と現れない」と、しがみつくような気持ちになってしまうこともあります。しかし**結果として相手から支配される関係に陥ってしまい、「自分らしく幸せな人生」を送ることが難しくなる、ということもあり得ます。**

このような態度も、一見「誠実」なようでいて実は違う、と考えてよいでしょう。

「自分ごときが断るなんて」という感じ方は、要は「相手からどう思われるか」ということ。結局、自分のことばかりで、相手そのものに目が向いていないと言えるからです。

また、「こんな自分のことを気にかけてくれる人なんて」というのも、極度に低い自己肯定感に基づくもの。「自分を認めること」とは逆方向のものです。

## 「信頼できそうにない人」には近づかなくていい

さて、今現在、自分は全く人間関係に恵まれていないし、支えてくれている人もいない、と感じている方もおられると思います。そんな人は、「人間関係に恵まれていれば、自分だっていろいろなことがうまくいくに決まっている。それがないから困っているのではないか」と思われるでしょう。当然の感じ方ですね。

でも、「信頼できる人間関係」を諦《あきら》める必要はないので、少しお話しします。

信頼できる人や支えてくれる人がいない、という人には、やはり「事情」があります。

・人からひどく裏切られた経験から、「誰も信用できない」と思っている人
・自らの「プチトラウマ」によって、「所詮《しょせん》、人は自分を批判的に見る」という感覚が強く、とても他人が自分を助けてくれるとは考えられない人
・そもそも「人と親しくした経験がない」人
・ある程度は親しくできても、関係が長くなると、なぜか「相手から嫌われてしまう」人
・「嫌われるのではないか」という不安から関係を絶ってしまう人
・「相手側の問題」に過ぎないものを、「自分が攻撃された」と感じて、閉じてしまう人

他にもおられると思いますが、対人関係において、心が温まった体験がない人は、「心が温まる関係など持てない」と思うのも当然です。

そんな方には、少しずつ試していただきたいのです。

確かに人間には、安全な人とそうでない人がいます。それはここまでにお話ししてきた通りで、相手の「事情」によります。

**どういう人が安全でないかと言うと、「評価」を押しつけてくる人です。**少し話すとすぐにアドバイスしてくる人、こちらを変えようとしてくる人（実は「ポジティブ思考」の人にもこういう人が多いです）などは、要注意です。

**そうではなく、ただ話を聴いてくれる人、「いろいろ大変だね」と、こちらの「事情」を尊重してそのまま受け取ってくれる温かい人もいます。そういう人を見つけたら、少しずつ、自分の話をしてみていただきたいのです。**

**ポイントは「少しずつ」です。**

いきなり全てを話すと、相手もどう受け止めたらよいかわからなくなってしまうかもしれませんし、もしも相手が「はずれ」であったら自分がひどく傷ついてしまいます。

「少しずつ」話し、安全を感じたら、また「少しずつ」話すのです。

この場合も、重要なのは「誠実さ」です。いくら量が「少しずつ」であっても、その中では誠実に話してください。そうやって、「案外人は受け止めてくれるのだな」と感じることができれば、感覚がずいぶん変わってくると思います。

なお、「この人は安全だろうか」と判断に迷う場合は、「私はアドバイスされるとへこんでしまうので、アドバイスなしに聴いてもらえますか？」と前置きすれば、自分の安全を確保する保険になります。そういう「前置き」に難色を示す人は、安全でない人です。

## 自分にとって「安全な人」は誰？

**人間関係を信頼していく第一歩は、「安全な人」と「安全でない人」を区別していくことなのです。**

もちろんこれは相手の「事情」を反映したものであり、「自分は受け入れてもらえる人間か」ということとは関係がありません。

安全な人を選んで、「少しずつ」話していけば受け入れてもらえる、という体験を繰り返していけば、人を信頼するルールがだんだんとわかってくると思いますし、自分を支えてくれる人への感謝も生まれてくると思います。

**「自分は人間関係に恵まれている」という感覚は、「支えてもらえる」という「幸運」だけでなく、それについて感謝できる、という好循環の中にある、ということは頭に置いておいてください。**もちろん「感謝すべき」ではなく、しみじみ感謝できる、ということです。最初は、ほんわりとした「温かさ」として感じられることも多いでしょう。

# いちいち振り回されないために

ここまでにお話ししてきた「誠実さ」からつながってくる話ですが、「自分を認められる」人には敵が少ない、というのも一つの特徴です。

人はその多くが親切な存在で、困った人を見ると助けてくれるのが自然体なのですが、それを明らかに妨《さまた》げるものがあります。それが、「敵意」です。

いくらよい関係に恵まれていても、特定の他者から「敵意」を持たれていると、思わぬところで被害に遭いかねません。

「敵」を作らないように、と言われると、つい「相手からどう思われるか」の人生に陥りがちですが、そういうことではありませんので、読み進めてください。

先ほどお話ししたように、「相手からどう思われるか」の人生では、人を見る目を磨くこともできませんし、そもそも他人に振り回されっぱなしの人生になってしまいます。

「敵」をできるだけ作らない、というのは、「他人と自分を比較しない」の応用版です。つまり、「人にはそれぞれの事情がある」ということを前提にして生きていく、ということです。

**どういうときに「敵」ができるか、と言うと、相手のありのままを否定するようなときです。こちらは正論のつもりでも、相手の事情を考えれば、それは全く「正論」ではない、ということもあるのです。相手は「攻撃された」「自分を否定された」と思うかもしれません。**

あるいは相手にことさらに衝撃を与えるような生き方をしていると、相手は「あの人は恵まれているのに、自分はダメだ」と、「比較」の感覚を強めてしまい、被害者意識を募《つの》らせてしまいます。

ですから、人にはそれぞれの事情があり、自分から見れば「間違っている」相手であっても、その人には何らかの事情があるのだろうな、と穏《おだ》やかに見逃す姿勢、また、ことさらに自己アピールするような生き方ではなく、誠実に他人と関係を築いていくような生き方を心がけるのが最善の策です。

## まるで敵視してくるような人がいても

もちろん、どれほど最善を尽くしても、「敵」をゼロにすることはできません。

しかし、日頃から、他人の事情を尊重し、誠実な関係を築く、という人間関係を持っている人は、基本的に多くの人から信頼されていますので、少数の「敵」によって全てを失うようなことはないはずです。

そうは言っても、相手側の何らかの「事情」によって自分が敵視される、ということが日々の職場などで起こると、愉快ではありませんね。そんなときにも、悪循環に陥って自己肯定感を下げないようにする原則は同じです。

**それは、相手の「事情」を尊重するということ。つまり、相手が自分に敵意を持っているということそのものを受け入れるのです。**

「どういうわけだかわからないけれども、私を見ると不愉快になるのだな」ということを、「自分の問題」としてではなく「相手の問題」として受け入れてみましょう。

そんな聖人君子《せいじんくんし》のようなことはできるわけがない、と思われるかもしれませんが、これは道徳的な話ではありません。相手を大目に見るためではなく、あくまでも自分の心のためです。

相手の立場に立って考えていただきたいのですが、「敵」を持って生きていく

自分の問題にしなければOK

のは、案外ストレスフルなものです。

誰かが目に入る度に頭に来て「許せない」と感じる、というのは、常に緊張下に置かれているようなもの。「敵」の人間関係も気になる（誰が「味方」で誰が「敵」かが気になる）でしょうし、当然他の人との関係にも影響が及んでいきます。

そんな人生は「居心地がいい」とはとても言えないと思います。

確かに、「敵」を持ちながら、「うまくやっている」かのような人はいます（逆に言うと、「うまくやっている」ような人ほど「敵」は多いとも言えます）。しかし「うまくやっている」のは、あくまでも表層の話。

同僚を裏切ってでも上司にうまく取り入る、という人もいるでしょう。その部分だけ見れば、「うまくやっている」ということになりますが、長く大きな目で見たときに、その人は満たされた人生を送ることができるのでしょうか？　実は常に空虚《くうきょ》な自分を感じているのではないでしょうか？　本当の意味で「自分を支えてくれる人」はいるのでしょうか？　どこかで目論見《もくろみ》が外れたとき、ぽきんと折れてしまうのではないでしょうか？

いろいろ考えてみると、やはり**健康な自己肯定感の基本は「誠実さ」にあるように思います。**

## 「誠実」でさえいれば簡単にへこたれない

何らかのリスクをとった結果として、人生の幅が広がり、「充実感」や「満足感」が強まることもあります。逆に、リスクをとったために「どうしてこんなことに」となってしまう場合もあります。

どんなリスクならとったほうがよいのか、ということは、偶然とも関連する話なので簡単にルール化できないのですが、「人生の好循環を崩さない」ということを原則に据《す》えてみれば、本章でお話ししている「誠実さ」に基づいて考えるのがわかりやすいと思います。

私は衆議院議員を二期だけ務めたことがあります。それは、「公募」に応じてのことでした。

大学院博士課程も修了して医学博士になった私は、当時、日本で学べることはもうないだろうと思って、海外留学を考えていました。幸い、名門である米国コロンビア大学の主任教授の審査に通って、「奨学金さえ何とかなれば、研究しに来なさい」と言ってもらえる状況までいきました。

もちろん私費での留学もできます。でも私はそんなにお金を持っていなかったし、「私費留学」という形式が、日本人留学生の地位を下げるということも聞いていました。そこで、奨学金を得るため、診療・研究と子育てをしながら、連日応募書類を書いていました。

そんな折、ある週刊誌で、民主党の「女性公募」の広告を見たのです。

政治にはもともと関心がありました。民主党については当時詳《くわ》しくなかったのですが、政治的マイノリティである「女性」に限って公募をしているということに興味を持って、応募することにしました。

単なる女性への宣伝効果を狙っているのか、本気で「公募」しているのかを見てみたい、という好奇心もありました。応募の書式が、奨学金応募の書式と大して変わらず、当時最も書き慣れていた、ということも実は一つの理由でしたが。

選挙に出ることは恥ずかしい（だって、マイクを持って自分の名前を街頭で訴えるのですから）と思っていた私にとって、それなりにハードルは高かったのですが、私みたいな素人《しろうと》が採用されるわけはない、という気持ちで、でも選考過程で現職の国会議員に自分の考えを開陳《かいちん》できるかもしれない、という思いで、公募に応募しました。考えていることを話す機会があればできるだけ努力することも、私にとっては「誠実さ」と感じられるからです。

結果としては、小論文と面接の成績がとてもよかったということで、すぐに

「宇都宮から衆院選に出ないか」という話をいただきました。そこで初めて、選挙について現実的に考えることになったのです。

実は、面接の時点で、私は絶対に合格しないという確信がありました。

私は媚《こ》びたり嘘をついたりすることが嫌いなので、「選挙資金はどうしますか？」という質問に対して、「お金のない人が立候補できないのはおかしいと思うので、選挙に自分のお金を使うつもりは一切ありません」と答えていたからです。

それは、政治についての私の理念でもありました。他の応募者は、「借金をしてでも」などと言っていたので、私の回答は相当特殊だったと思います。

選挙だけでなく、「宇都宮」という土地も、全く考えていなかったところでした。生粋《きっすい》の江戸っ子である私は、当時、「宇都宮」と言われて、「それは栃木ですか？　茨城ですか？」と尋ねたほどの情けない人間でした。

それでもとにかく「女性公募」という企画を作ってくださった小宮山洋子《こみやまようこ》さん

（元厚生労働大臣）とお会いして、本当に真面目に政治のことを考えておられるのだな、と思えたことは大きかったです。女性議員を増やしたいと誠実に思っておられる小宮山さんとお話しして、これは断る類の話ではない、と感じました。

結論として、私は栃木一区からの立候補を了承しました。

安全策としては、もちろん、政治などに見向きもせずにコロンビア大学に留学して研究をする、というものがありました。実際にその時点では連日の書類書きが功を奏《そう》して奨学金を得ていました。

ただ、本当にそれでよいのか、ということをよく考えました。結果として、せっかく政治において機会を与えられているのだから自分ができるだけのことをやってみよう。それが、他の人のモチベーションにもつながるのではないか、という思いで、立候補を引き受けることにしました。

それは私にとってＰＴＡの役員みたいなもので、社会をよくしたいのなら、ある程度自分の生活を犠牲にしてでも引き受けたほうがよいという気持ちもありました。そして、すでに政治のために頑張ってくださっている小宮山洋子さんたちを支えたい、という気持ちが強かったのだと思います。

## こんな姿勢を誰かが必ず見てくれている

政治など、一般の方から見れば「リスク」以外の何ものでもないでしょう。それも、野党の一員としての政治参加です。「長いものに巻かれる」人にとっては受け入れられないと思いますし、医学界には、「長いものに巻かれる」タイプの人が多いということもわかっていました。

それでもありがたかったのは、当時在籍していた慶應義塾大学医学部の研究室のボスであった大野《おおの》裕《ゆたか》先生が「それはおもしろいね」と好感を示してくださったこと、そして、当時の教授が、「経歴詐称《さしょう》になると大変だ」と私の履歴書を細かに見てくださったことでした（その後、経歴詐称で議員辞職になる人が実際にいましたので）。私の選択を、上司が無条件に肯定してくれたことで、「選挙に出る」という異例の決断について、自分でもだんだん肯定的になっていきました。

研究室にはメディアがインタビューに来ました。迷惑がられるかな、と思っていたら、仕事を手伝ってくださっていたスタッフの方が、「もともと政治に関心がある方だと思っていましたので、驚いていません。応援しています」などとコメントしてくださいました。とても嬉《うれ》しかったです。

これも「好循環」ですね。日頃の人間関係がこんなところにも反映されるとは思っていなかったです。

なお、議員をやめてから聞きましたが、医学部時代の同級生のところには、私が当選した後、何とかして私の失点を見つけようとする週刊誌が執拗《しつよう》に取材攻勢をかけたそうです。

でも不完全な私を完全に守ってくれた友達に、心から感謝しています。もともと仲がよかったことに加えて、「噂話を書いて人を貶めようとしているマスコミに協力するなんておかしい」という「誠実さ」を同級生たちが持っていてくれたのだと思います。

八ヶ月間の準備を経ての初回の選挙、それもとても保守的な選挙区で小選挙区当選できたのは、もちろん一般には「超」がつく「幸運」な話です。

でも、この「幸運」は、「人の力」に支えられたものでした。保守的な土地とは言っても、栃木一区では様々な活動をしている人たちがいて、人のつながりがどんどんつながり合うと、ものすごい効果が出るのだな、ということを心から感じた実体験でした。

私は単なる起爆剤に過ぎず、もともとその土地にあった人たちの力が結実したのです。

もちろん、私自身が常に心がけたことは**「誠実であろう」ということと、それぞれの人の「事情」を尊重しよう、ということでした。そのことが、人のつなが**

**りという好循環を、ますます加速したのだと思います。**

栃木から東京に戻った今でも、栃木の人たちとのつながりが続いていること、また、私を介して知り合った方たちが先進的な活動をされていることなどからは、単なる選挙の当落という「幸運」を超えた「恵み」がある、としみじみ感じます。

それは主に「ありがたさ」として感じられています。

# 5章

# 「大切なもの」を見失わない

## ——一人ひとり、幸せを感じる「センサー」は違う

# 「いいこと」が起こっても不安なのはなぜ？

**自分についての感じ方をよくし、「自分を認められる」ようになるためには、「自分は何のために生きているか」「自分は何を大切にして生きているか」という価値観を持つことが重要です。**よい出来事がいろいろなところで起こっても、それらをつなぐ「価値観」がなければ、結局は人生を食いつぶすことにもなりかねないからです。

宝くじに当たった結果、かえって不幸せになる、というのはその一つの例でしょう。

単なる「くじ」のルールで言えば、宝くじに当たるというのは、もちろん「幸運」と言える話です。しかし、普段お金を持っていない人のところに大金が転がり込むと（そして、それを多くの人が知っていると）、生活がすっかり変わってしまいます。普段のお金の使い方では使えないお金が入ってくるので、まず経済感覚が狂います。

また、身近な人からの期待も変わってしまいます。恩恵にあずかりたい人との間にトラブルが起きて、それまでは大切だった人間関係を失ってしまうこともあります。

「貧乏だから仕方ない」というところで落ち着いていた人間関係が、急変してしまうのです。

お金と心の関係については120ページでお話ししますが、仮に宝くじに当たったとして、自分の「価値観」が確立している人であれば、その「幸運」をうまく活用することができるはずです。

お金だけではありません。

前章でお話ししたように、私はかつて衆議院議員を務めていました。難しい選挙に当選するというのも、「幸運」な話です。

しかし何のために活動していて当選できたのか、というもともとの「価値観」が定まっていない人は、単に舞い上がって、自分が「偉い人」になったと勘違《かんちが》いしてしまう、という例をずいぶん見てきました。本来、国会という「立法府」で何をしたかったのかが全く見えてこないのです。

# 一番大切なのは「心の平和」

私は精神科医として診療していますが、それとは別に、ボランティア活動として「アティテューディナル・ヒーリング（AH）」を主宰《しゅさい》しています。

AHというのは、精神医学とは何の関係もない私の趣味のようなものですが、自分の心の平和を選択していくことを唯一の目標とする、自分の心への取り組み方です（単に選択肢を示すだけで、「べき」（戒律《かいりつ》）がないので、宗教とは明らかに区別されます）。

AHの場には、病気の有無や社会的な立場を問わず、「より幸せに生きたい」

「生きづらさをなくしたい」「社会の役に立ちたい」と思う人が集《つど》います。特に職業を持たない方もいらっしゃいますし、医師や教師、その他の対人援助職の人も来ます。患者さんや学生さんも来ます。部下の出来にイライラしている管理職の方も、理不尽な上司にイライラしている部下の方も来ます。あるいは親として、介護者として悩んでいる方も来ます。

実に様々な人が集まるのですが、そこで起こることは感動的です。**人間にとって、ありのままの自分を、評価を下されずただ受け入れてもらうことが、どれほどの力と温かさと勇気をもたらすのか**、ということを毎回目の当たりにします。

「評価」については、49ページでお話ししましたが、AHでは、「評価を手放す」ことをとても大切なテーマにしていますので、ありのままをさらけ出す安全を感じることができるのは、当然だとも言えます。そして、ありのままをさらけ出せる人たちほど、美しく、力強い存在はない、と私はしみじみ思っています。

そしてそこには真の「つながり」ができます。「つながり」と聞くとうさんくさく感じる人もいると思います。「つながり」感をかもし出すために、自分を偽《いつわ》ったり人に何かを押しつけたりする人もいるからです。

**しかし、「ありのままの自分」という、最も本質的な部分同士でつながりを感じると、それは言葉にすらならない本当の「つながり」をもたらすのです。**

## 「自分に優しくする」とはこういうこと！

これらの体験から、私は、自分が人生において「価値」を置くものを、「心の平和」としています。もちろんそれは自分自身の「心の平和」なのですが、「心の平和」は、遠赤外線のように周りに伝わっていきます。ですから、関わる人たちにももちろん平和をもたらしていきます。

逆に、周りの人の心を平和にしよう、と思ってしまうと、自分自身の「心の平和」が失われてしまうので要注意です。人を変えようとする気持ちは、「相手の心は平和ではない」「相手の心は平和になったほうがいい」という「評価」に基づくものだからなのです。自分に対するものであれ他人に対するものであれ、「評価」は「自分の心の平和」と共存することができません。**「評価」を下すと、必ず「変えたい」という気持ちが出てきて、平和ではいられなくなるからです。**

私は、「心の平和」という「価値」を見つけただけでも幸せなことだと思っていますし、他の人との関わりもそれを軸にしていけるので、そこから様々な好循環が生まれます。

自分はどう思われているのだろうか？　とか、自分はどう評価されただろうか？　とか、そういう懸念《けねん》からは一切解放されます。もちろん人間ですから、ちょっとは気になりますが、すぐに、「いやいや、私の人生の唯一の目標は、自分自身の『心の平和』だった」と思い直すことができます。

すぐに立て直すことができないほどの衝撃を受けたときは、本書で何度かお話ししてきたように、「人間として当然起こってくる反応なのだから仕方がない」

「自分に優しい」ことをちょっとずつ

と自分に優しくしていると、「自分は何に価値を置いて生きているのだっけ？」というところに戻りやすくなります。

そのように、自分がぐらついても立ち戻ることができる「価値観」こそ、「満足度の高い人生」を支えるのだと思います。

もちろんどんな「価値観」を持ってもよいのですが、「自分をちゃんと認める」ためには、その「価値観」が、「自己肯定感」を支え、かつ「好循環」につながるものである必要があると思います。

「自分自身の心の平和」を中心に考えれ

ば、他人に評価を下すことをしなくなります。先ほども申しましたが、「評価」と「心の平和」は両立しないからです。

**他人の不適切な言動についても、「自分がやられた」のではなく「相手には事情がある」と見るようになります。**被害者意識も持たず、自虐《じぎゃく》的にもならないときこそ、人間は無防備に「心の平和」をぽかぽかと広げることができますので、それが他人の「心の平和」にも貢献していきます。周りの人から「平和」を感じ取ると、そこからまた私たちは、人間への信頼や人の温かさを感じていきます。そんな、好循環が生まれてくるのです。まさに、自己肯定感に基づく好循環ですね。

今のところ私は、「幸せで充実した人生」の「好循環」をもたらす「価値観」として、「心の平和」以上のものを見出すことができていませんし、それが私にとってはベストなのだと思っています。

# 「お金があるのに幸せでない人」

「幸せな人生」というと、どうしてもお金関連のことを考える人が多いと思います。

すでに宝くじの例で見たように、お金に恵まれればそれでよい、というわけではないのですが、今どきは経済格差の中「勝ち組」「負け組」という言葉もありますし、何だか「勝ち組」のほうが「幸せな人生」に感じられるかもしれません。「勝ち組」のほうが好循環に恵まれるように思うかもしれないですね。「勝ち」の流れに乗る、とでもいうような。

しかし、実際には決してそういうわけでもないようです。私の知り合いに、いわゆる「はげたかファンド（破綻《はたん》寸前、もしくは破綻した企業の株式や債券を安く買い叩き、再建させた上で売却する投資ファンドのこと）」で大稼ぎして、大層贅沢《ぜいたく》な暮らしをしている人（かつて日本に住んでいた米国人）がいます。

その人は自分が「勝ち組」だとは感じていますし、自分が「勝ち組」と感じられるような豪華な家に住み、大きなパーティを催《もよお》したりしています。

しかし、人生に満足感を持っているか、と言うと、決してそうでもないのです。自分が現在持っているものを失ったらどうしよう、という不安感に常に駆《か》られてもいるのです（もちろんそういう不安は表現されることなく、さらにワーカホリックに、権力志向になっていきます）。

**「勝つ」「多くを持つ」ことに価値を見出してしまうと、それを失うのが怖くなる**のでしょうね。彼は私の政治活動やボランティア活動の話を聴いても、「僕は自分のことで頭がいっぱいで、どうして社会のことまで考えられるのか理解できない」と言います。社会や地域とのつながりも感じにくいようです。

もちろん、いわゆる「勝ち組」の人たちの中にも、「心の平和」を大切にして、人の「事情」に配慮しながら生きている人はたくさんいます。

そんな人たちからは、「わあ、お金はこんなに温かい使い方ができるのだ」という感激をもらいます。わかりやすいのは巨額の寄付などですが、お金の桁《けた》が違う分、スケールも違うのですね。そしてそんな人たちは、「お金に恵まれていること」に感謝をしているように見えます。

**同じような経済レベルや生活形態であっても、何に価値を置くかによって、人生の充実感がまったく異なるのだと思います。**

前述したAHの場には、いわゆる「勝ち組」の人も「負け組」の人も来ますが、AHの場で、「ありのまま」の自分同士でつながるときには、「勝ち組」「負け組」などという分類は、あまりに無意味で頭にも浮かびません。

# 今日から「つまらないお金」を使うのをやめる

経済レベルと自分についての感じ方のよし悪しは直結しないと言っても、お金は大きなテーマです。社会的に不幸な問題や事件が、お金を巡って起こっています。やはりその基本にあるのは「お金さえあれば、何とかなるはず」という信念です。「お金がなくなったら生きていけない」という恐怖感、と言ったほうがよいかもしれません。

そういう信念（恐怖感）を持っている人は、本書で精神論を理解したとしても、現実には「経済的に恵まれる」ことこそが「幸せな人生」なのだ、という考えから自由になるのはなかなか難しいでしょう。

確かに、経済的に恵まれていれば物理的な選択肢は増えますから、「充実した人生」につながる機会も増えるというのは間違いではないかもしれません。そして、経済レベルを見ても、一定水準以下の家庭に虐待が起こりやすいということは知られていますので、「経済的に、一定水準以上である」ことと「幸福かどうか」ということとは確かに関係があります。


しかし、経済的に恵まれるかどうかは、やはり生まれた環境などの「偶然」に属する話です。それぞれの事情を反映して、どうしても「不公平」なものだからです。そこに自分の「人生の質」を委《ゆだ》ねてしまうと、結局は「満足感の得られない人生」が続く、ということになりかねません。

もちろん「一定水準以下」の世帯については公的な援助が必要ですし、今すぐに実現してほしいです。これは本書で論じる以前の、「人間として生きるための、最低限の権利」の話です。ですから、「一定水準以上」という条件を敢えてつけますが、お金と「満足感のある人生」の関係についてはわかりやすい考え方があります。

## 「農家を応援するためにいい野菜を買う」ようにすると……

直接的な人間関係についてはすでにお話ししましたが、「お金」もまた、自分や他の人たちとの関わり方の一つだと言うことができます。その量が多かろうと少なかろうと、何に使うか、どういう気持ちで使うか、ということは、私たちが自分や他人（広くは社会）とどう関わるか、ということを示すものです。

最もわかりやすい例は、「寄付」でしょう。

寄付をするとき、「自分も苦しいのに、（見栄を張らなければならなかったので）とられた」という被害者意識を持つか、「苦しい中からも与えることができた」と思えるか、によって、「満足感」や「達成感」は一八〇度違ってきます。

後者の場合には、寄付ができた自分を「認める」ことができます。

これは、道徳的な話ではありません。すでにお話ししてきているように、「べき」は「自分を認められる」ようになるためには禁物です。「苦しいことでも喜んですべき」という話ではないのです。そうではなく、**人生の満足感を得られるようになるためには、お金との関わり方（さらに言えばあらゆることとの関わり方）に、「よいエネルギー」を込めてみよう、と主体的に意識する、ということです。**


少し高くても無農薬栽培の野菜や米を買うことは、頑張っている人たちを応援することにつながります。そのような特別なものを買うのでなくても、何かしらお金を払うときは、それを作った人や運んだ人などのことを少し考えれば、「よいエネルギー」を込めやすいでしょう。

値切るときにも敵対的にならずに、「本当はもっと払ってあげたいけれども、お互い苦しいから」という気持ちでいられれば、態度もよくなると思います。何と言っても自分自身がギスギスせず、「自分を認められる」感覚から離れずにいることができるでしょう。

**自分にお金を使うときにも、「もったいない」とビクビクするのではなく、「自分によいエネルギーを与えよう」と思えば、ずいぶん感覚が違うはずです。**

「よいエネルギー」のやりとりをする役割を「お金」に見出すことができれば、経済的に恵まれている・恵まれていないに関わらず、人生がよりよくなると感じられるようになると思います。

# 6章

# 「不向きなこと」は誰にだってある

## ——そんなに自分に厳しくしていて大丈夫？

## たとえば、「場を盛り上げる話ができる」はそんなに大事？

「心の居心地のよさ」と「べき」は相性が悪い、ということをお話ししてきました。

「自分はいつも失敗してばかり」「どうせうまくいかない」と思っている人を見ていると、本来向いていないことなのに「すべき」「できるべき」と思って苦労している、というケースが案外少なくありません。

たとえば、本当は現場仕事が向いている人なのに、昇進して管理職になってしまい、決して向いていないマネジメント業務の中で「どうして自分は」と嘆《なげ》いている人。
本来マネジメントなど向いていないのに、社会的な序列の中で、「べき」にはまってしまっているのです。

一方、ずっと現場にとどまって、「こんなに向いている仕事が続けられるなんて、自分はなんて恵まれているんだろう」と思っている人もいます。それが社会的に「いつまでも出世しないで」と思われているとしても。

**社会的に見れば、出世は「いいこと」ですから（収入も増えますし）、管理職になった人のほうが幸せなのかもしれませんが、主観的には全く逆なのですから要注意です。**このあたりが、まさに「べき」と「満足感のある人生」の相性の悪さなのでしょう。

結婚した相手が中小企業の社長の娘で、当然のごとく後継社長を期待されてしまった人。でも本当は会社の経営など、関心もなく、得意でもない、という人。

そんな人にとって、自分よりも年上で経験豊富な古参《こさん》社員が多数いそうなこの環境は、かなり難しい仕事になるでしょう。

そういう人も「べき」の中で、いろいろとうまくいかない現実を感じていると思います。社会的には、「社長の娘と結婚できたなんて恵まれている」と思われているとしても。

「向き」「不向き」は、職業選択だけではありません。

場を盛り上げてペラペラと話すことなど向いていないのに、それができない自分を「ダメだ」と思って、「コミュニケーション能力が低い自分は劣っている」という感じ方をしている人もいます。

人にはいろいろなコミュニケーションの仕方があって、場を盛り上げてペラペラ喋《しゃべ》ることだけが「社会人として、できるべきこと」ではないのに、その「べき」に縛られて「自分はダメだ」と感じてしまっているのです。

こういう傾向は、「コミュ力（コミュニケーション力）」の重要性が言われる最近、特に強いように思いますが、対人関係を専門としている私としては、おそろしく表面的な話だと思っています。コミュニケーションというのは、そんなに一面的なものではないからです。たとえば、誠実に相手の話を聴くことも、とても重要なコミュニケーションです。

これも「現実」は「現実」として認める、の一つであるとも言えますが、やはり自分に何が向いているか、何が向いていないか、を知ることはとても重要だと思います。

**向いていないところで「べき」に基づいて活躍しようと思っても、「自分はダメだ」という気持ちが強まり、自己肯定感は下がる一方なのではないかと思うからです。もちろん「自分を認められること」は成立しません。**

## 人それぞれ「体質的な得意・不得意」が必ずある

人間は、あくまでも遺伝情報を持った生物です。それぞれに、得意なこと、苦手なこと、向いていること、向いていないことがあります。

たとえば、睡眠時間一つとっても、「ロングスリーパー（長時間睡眠を必要とする人）」と「ショートスリーパー（短い睡眠時間で満ち足りる人）」がいます。これは体質的な話です。

5時間の睡眠時間を与えられれば、眠気もなくてきぱき仕事ができる人がいる一方で、ロングスリーパーの人は、「眠い。体力がない」と常に感じていて、ダメな自分を責めたり、人生は厳しいと嘆いたりしているのではないでしょうか。

**自分の体質に適した生き方を考えて初めて、「好循環」は始まります。**

私自身、どちらかと言うと長めの睡眠時間が必要です。また、決して「体力には自信がある」というタイプではありません。常にゆとりを確保しておかないと、燃え尽きてしまうだろうし、「ここぞ」というところで力を出すことができないだろう、ということには、中学受験の頃（つまり小学生の時）から気づいていました。ですから、常にゆとりは心がけています。

ゆとりは時間的なことでも確保しますし、それ以上に、自分を追い込むような姿勢をとらない、ということを徹底しています。

私は追い込まれたときに不安から力を発揮するタイプではなく、7章でお話しするように、「今」に集中するときにしか力を発揮できません。そのためには、「追い込まれる不安」は邪魔でしかないのです。

ですから、できるだけ余裕を持って受けられる範囲の仕事しか引き受けないですし、不安から自分を追い込まないようにしています。それが私に向いている働き方です。

もちろん、時間が余ったときには、予定していなかった仕事を申し出たり、仕事の前倒しをしたりすることもあります。それはそれで気持ちのよいものです。

ちなみに、自分は「追い込まれたときに不安から力を発揮するタイプ」だと思っている方は、結局、先延ばしをしたり無理な働き方をしたりして、健康を壊《こわ》してしまうことも多いので、本当にそれが「向いている」のか（持続可能なやり方なのか、「人生がよりよくなる」という感覚をもたらすのか）は一度考え直してみたほうがよいと思います。

自分の向き不向きをつかむことが、かなりの程度、人生の質を左右することにつながるのは間違いないでしょう。

**不向きな世界で「べき」で頑張ってしまうと、それ自体が不幸ですし、「不本意なこと」も続発すると思います。「どうしてこんなこともできないのだ!」という具合に、です。**

一方、自分に向いていることさえわかっていれば、それが食べていけるギリギリの生活しかもたらしてくれなくても、「自分への信頼」「恵み」「感謝」を感じさせてくれるかもしれません。

「自分への信頼」「恵み」「感謝」を知っている人に対しては、万が一のときには、誰かが助けの手を伸ばしてくれる、ということは4章などからも感じ取れると思います。

## 「やってみて感じたこと」からいろいろ見えてくる

以上のようなことをお話しすると、必ず出てくるのが、「自分には何が向いているのか、わからない」という声です。実際に、自分に「向いていること」を求めて、ずっと自分探しをしている人もいます。**自分に向いていることがわからなければ「本当の人生」が始まらない、と考えてしまうと、いつまでも人生の待機状態になってしまいます。**

これでは「ミイラ取りがミイラになる」みたいなもので、「幸せで充実した人生」を求めたはずが、逆にその可能性をつぶすようなことになってしまいかねません。

「向いている」という感覚は、確かになかなか得《え》難《がた》いかもしれません。少なくとも、最初からそれがわかることはあまり期待しないほうがよいことです。

ある程度取り組んでみて、いろいろな失敗も積んで、結果として「向いている」と感じられることもあるのです。

ですから、ちょっとやってみて「向いていない」と決めてしまう、あるいは、やる前から「向いていないと思う」と決めてしまうのは、現実的ではないと思います。

「やってみる」からわかってくる

「向いていない」という感覚は、本当は「向いている」ことであっても不慣れな頃には感じたりするものです。

人間にとってあらゆる「変化」がストレス、ということを38ページでお話ししましたが、何であれ新しいことに取り組むのは「変化」です。そこから感じるごく普通のストレスを、「向いていない」と感じてしまって切り捨てるのは、とてももったいないことだと思います。

とにかく何かをやってみる。そして、その体験を振り返るところから、自分の「向き」「不向き」がわかることが多いでしょう。

「向き」「不向き」を考えるときには「べき」(社会人なのだから、これくらいのことは我慢すべきではないか、など)を抜きにして考えないと混乱しがちですから注意してください。

体験しなければわからないことは、本当に多いものです。

「何が向いているかを考える」よりも、「日常生活の中で感じる」ほうがずっと正確な結論にたどりつきやすいと思います。

この後にお話しすることも参考になると思いますので、読み進めてください。

## 「できなかったことは残念。でも……」で十分

「完璧主義」の人は、案外たくさんいますね。

しかし、「完璧主義」と自己肯定感、そして「自分を認める」感覚は、ひどく相性が悪いものです。

「完璧主義」とは、「完璧なるもの」からの「引き算の発想」です。まだ努力を加える余地があるとすれば、それはつまり「完璧なるもの」ではないということ。

あれもできていない、これもできていない、というネガティブな発想ばかりが

生まれてきます。
「完璧主義」に陥っている人は、まさにそんな状態で、「足りないところ」ばかりを見つけることになります。「足りないところ」が現実に見つからなくても、「きっとどこかに欠陥があるはずだ」と、ピリピリ警戒した心境になります。

今までお話ししてきましたが、「べき」は「自分を認めること」の対極にあります。

そして、「完璧主義」は「完璧であるべき」という「べき」そのものなのです。ですから、自分らしく、満足感のある人生を求めたければ、「完璧主義」を手放す必要があります。

そもそも、人間は完璧な存在ではありません。何しろ生物ですから、限界があります。さらに今までお話ししてきたように、それぞれの「事情」もあります。
人間としての限界や、「事情」に縛られている自分に対して、何でも完璧に、と期待してしまうと、うつ病さえ患《わずら》ってしまうでしょう（そういう患者さんはとても多いのです）。

## 「できるだけ完璧主義」がちょうどいい

私は「できるだけ完璧主義」を提案しています。

もちろん、人間として向上したい。よりよい成果を求めたい。

**でもそのためには、「今は、これでいい」「明日、もう少し頑張ろう」という思考が最も健康的なのです。つまり、「今は、これでいい」という自己肯定を基本とした、「足し算の発想」です。**

今日もう少しやりたかった。できなかったことは残念。でも、体力や生活などいろいろな「事情」を考えれば、これ以上はできなかった、というのもまた現実なのです。

残念な自分を労り、「事情」を考えることができれば、結論は「今は、これでいい」という「癒やし」の言葉になります。

「自分を認める」という感覚は、「癒やし」の上にしか成り立たない、ということを見てきました。

**「癒やし」によって自己肯定感を回復させ、ネガティブな目詰まりを解くのです。そして、「今は、これでいい」という「癒やし」の言葉は、「好循環」につながる、とても大切な基礎となります。**基礎がグラグラしていたら、どれほど立派な工事をしても、ぐにゃりと倒れてしまうでしょう。

日々の終わりに、「今は、これでいい」と自分に言うことができれば、基礎がさらにしっかり固まり、「好循環」の中で、立派なものが育つと思います。

## なにかと「自分への評価」を下していませんか

「向き」「不向き」というのは、生き方全体についても言えます。

華美《かび》に社交的に生きていくのが向いている人。

自然志向で、自然と共に静かに暮らすのが向いている人。

あまり人づきあいせず家に引きこもっているのが向く人。

いろいろな「向き」「不向き」があるでしょう。

それらについても、「向かない」方向に「べき」で頑張らないほうが、「自分らしく、幸せな人生」になると思います。

これらの「向き」「不向き」は、多くがその人の「事情」によるものです。

ですから、どの生き方が優れていて、どれが優れていない、などということはないのです。

賑《にぎ》やかな場が好きな人から見れば、あまり人づきあいせず家にこもっている人は「つまらない、引きこもり」と思えるかもしれません。でもそれはまさに「余計なお世話」と言える「評価」です。

しかし、そのような「評価」の問題は、他人からの「余計なお世話」にとどまらず、自分自身が作り出してしまうこともあります。

本当は家にこもっているのが「向いている」のに、「もっと社交すべき」「引きこもるべきではない」など、**自らに評価を下して「べき」を押しつけてしまうと、本来「向いている」ライフスタイルを実現できているのに、自己肯定感を下げてしまうことにもなりかねません。**

「もしかしたら自分はもっと社交すべきなのだろうか。そうしたら、今は考えられないような『本当に向いている人生』が展開するのだろうか」などという気持ちになったとき、それをそのまま放置すると人生の足場からぐらぐらしてしまいます。

## 今の自分に「ちょっと上乗せ」作戦

そんなときには、「できるだけ完璧主義」を思い出してください。

今現在のライフスタイルを、「今は、これでいい」と認めて、まずは自己肯定感を取り戻してください。今のライフスタイルになったのは、それなりの「事情」があるからです。

その上で、もしもう少し社交を増やしてみようかと思ったら、少しやってみてください。生き方をガラリと変える必要はなく、今までの生き方に上乗せする、という感じです。

「変化」への適応を計算に入れても「やはり向いていない」と思う部分は、本当に向いていないのでしょう。

こういうやり方であれば、ライフスタイルについても、そのときの自分に合わせて、「向き」「不向き」の微調整をしていくことができますし、自己肯定感を基盤に置くことができます。

新しいことを試してみたら好循環が始まった、というのであれば、今の自分にはその「新しいこと」が向いているのでしょう。

# 7章

# 「これまであったこと」にとらわれない

## ――過去に引きずられず「今モード」で！

# 「始まる前からうんざり」なんてつまらない

どんな人にも「過去」はあります。そして、その「過去」から作られたデータベースがあります。それがその人の物事に対するとらえ方を決めたり、自分自身についての感覚を決めたりするのだと思います。

データベースは、ある意味では、生きていく上での指針と言えますし、否定する必要もありません。データベースがあるから、「同じ失敗を繰り返さない」などということができるのです。

**しかし、その「データベース」にとらわれてしまうと、「今に生きる」ことができなくなってしまいます。**

時間としては「今」起こっていることであっても、いちいちデータベースを照合しながら考えることになるからです。

誰かが何かを話し始めても、「ああ、またこの話。何回話せば気がすむんだろう」と思ったり、「どうせこの人は愚痴《ぐち》しか言わないから」と思ったりします。話を聴く前からうんざりしていたら、いい関係とは言えないですね。

また、人を肩書きで判断する、などというのも、過去からの「データベース」の仕業《しわざ》です。

## 「どうせ……」「もしも……」が思い浮かびそうになったら

自分についての悪い感じ方も、過去の「データベース」を反映していることが多いです。

「あのとき、あんなふうに言われた」

「あのことがうまくいかなかった」

「受験に失敗した」

「つまらない人間だと言われてふられた」

「常に兄と比べられてダメだと言われた」

など、いろいろなデータがあるのです。


そこから見えてくるのは「ダメな自分」。

「どうせ今回も失敗するだろう」「どうせ誰にも好きになってもらえないだろう」などという発想になるのも、当然と言えば当然です。

本当は、「今」体験してみれば違うかもしれないのに、「データベース」にすっかり乗っ取られてしまっているのです。

「抜け出す」だけでガラッと変わる

「未来」についても同じです。

もちろん私たちは未来の計画などを立てながら生きていて、それはそれで何の問題もないのですが、**「もしも～になったらどうしよう」という思考にとらわれて、まるで未来が現在を乗っ取るような形になってしまうと、私たちからは「今」が奪われてしまいます。**「どうしよう、どうしよう」で毎日生きることになってしまうのです。

「はげたかファンド」の知人について、118ページでお話ししましたが、その人にとって「今」は大したことではありません。

重要なのは、口座にどれだけのお金が入っているか、という「過去の成果」。パーティにどれだけ集客できたかという「直近の過去のデータ」（だから、パーティそのものでは、その数を維持するために、一人ひとりとの会話を見事に数分で切り上げ、次へと向かっていくのです。とても人とのやりとりをじっくり楽しむ態度ではありません。また、自分にもっと「勝ち」をもたらしてくれそうな「重要な人」とそうでない人との待遇の違いも見て取れて、哀《あわ》れにすらなります）。

そして、「これからもお金を失わずにいられるだろうか」という「未来の心配」。

こんなことにとらわれている人が、人生に満足感を得られないのも、当然ですね。

## 「今モード」の自分に変わる7つのヒント

たとえば、仕事をするとき。最も集中できるのは、「今」にいるときです。

誰にでも、余計な思考（うまくいくだろうか、間に合うだろうか、ちゃんと評価されるだろうか、など）から完全に解放されて、目の前のことだけに集中した経験があるのではないでしょうか。

そんなときには、ベストの仕事ができて、最大限の成果が上がるのです。もちろん、心をこめた仕事がうまくいくことは、「好循環」ですね。

過去のデータベースや未来への不安から、「今」を乱《みだ》す要素が出てくることは、当然、多々あります。プレッシャーの強い仕事の場合などはそうでしょう。デビュー作で新人賞をとった作家が、第二作を書けずにずっとスランプに陥る、というような話はよく聞きます。そんなときにも、それに巻き込まれてしまうと、単なるデビュー作の「偶然の幸運」に終わってしまい、人生をよくすることにはならないでしょう。

「今」を維持するには、いくつかの方法があると思います。

精神的な切り替えが得意な人であれば、「過去や未来は関係ない。今、この仕事があるのみ」と割り切れるかもしれません。でも、そんな人ばかりでもないですよね。

そういうときには、いったん、仕事から離れてみるのがよいと思います。

・ランニングに行く

・ヨガをする
・瞑想《めいそう》が得意な人なら瞑想する
・おいしいお茶を飲む
・おいしいものを堪能《たんのう》して食べる
・料理をする
・掃除をする　※ＡＤＨＤ（注意欠陥・多動性障害）系の方や完璧主義の方は、掃除が、気分転換どころか、「今」を乗っ取って本末転倒になってしまうので、あまりお勧めしませんが。

このような、「今でなければできないこと」をすると、案外心が「今」モードになって、仕事に戻ったときにも心の姿勢が保たれることが多いです。

**質のよい「今」を積み重ねていけば、間違いなく「自分を認められる」ようになるでしょう。**

# 昔の失敗など思い出さなくなる方法

過去からの「データベース」が、いわゆる「ネガティブ思考」を作ることは多いですね。「ネガティブ思考」にとらわれて生きるのは、苦しいですし、自己肯定感を高めることはないでしょう。「ネガティブ思考」への対処法として流行《はや》っているのが、「ポジティブ思考」。しかし、本書でも何回か触れてきたように、これはお勧めできません。

人間は、そんなに機械みたいな存在ではないのです。機械だったら、「ネガティブ」のスイッチを「ポジティブ」に切り替えることでうまくいくのでしょうが、人間にはそれぞれの「データベース」があり、それによって心も傷ついており、機械のようなわけにはいかないことが多いのです。

逆に、「ポジティブ思考」ができない自分を責めて、余計に心を傷つけてしまい、かえって「ネガティブ思考」が強まることも多いでしょう。

では、「ネガティブ思考」と、どうつきあっていけばよいのでしょうか。

「ネガティブ思考」を抱くようになったのには、それなりの事情があるはずです。それは単なる失敗体験ではないと思います。それに対する、周りの人の反応が関係していたのではないかと思うのです。

誰でも失敗をします。これは人間である限り仕方がないことなのですが、それに対して、周りの人が「どうして？」「こんなことでは生きていけない」「所詮《しょせん》あなたはこの程度の人」などという刷り込みをしたのではないでしょうか。

同じ体験をしても、「こんなことは、よくあるよ。ここから学べば、もっと素晴らしい人間になるよ」とか「十分に頑張ったのだから、失敗とすら呼べないよ」などと言ってくれていれば、受け止め方がずいぶん違ったのではないでしょうか。

つまり、「自分はダメな人間だ」という感覚ではなく、「人生、いろいろあるな」という感覚を身につけられたのではないかと思うのです。

**手放したいのは、単なる失敗体験（とすら言えないかもしれないもの）についての周りの評価です。**

**それは単に、周りの人がそう思った、というだけの話で、真実ではないのです。**

「ポジティブ思考」に切り替えるのではなく、「周りの人が、そういう評価を下しただけなんだな。おそらくは善意に基づいて。でも結果として自分は傷ついたのだ」と理解すれば、十分なのではないでしょうか。

## 「あなたのためを思って……」ほど恐い言葉はない

善意に基づいているからと言って、適切なわけではない、ということは多くの人が知っていると思います。私は精神科医ですから、「善意に基づいた不適切な言動」がどれほど実際に病気を悪くする作用を持っているか、日々痛感している立場です。

「善意に基づいて考えてくれたことだけれども、適切ではなかった」という割り切りが、とても重要なのだと思います。

なぜかと言うと、どれほど善意に基づいている人であっても、「人を変えよう」という心は、相手の現状を否定している証拠だからです。とても無条件の肯定などではないのです。自分の現状を否定されたら、傷ついたり、自分を責めたりしてしまいますよね。

「評価」は暴力的だということは、すでに見てきました。

人は、それぞれのプロセスの中でしか変わらないものです。他人が変えること など不可能ですし（本人が、変わる準備が整ったときに、たまたま他人の一言が「変えた」ように見えることはありますが）、変えようとすることそのものが、むしろ相手を傷つけたり、抵抗を強めたりし、結果として好ましい変化を遠ざけてしまいがちになるのです。

逆に、優れた教育や治療は、本人の現在を肯定するところから始まります。

## たとえば、人の話を聴きながら、何を考えていますか

実は、自分のネガティブなデータベースは、あまり本格的に扱わなくても何とかなる、とも言えるものです。

人によっては、論理的にデータベースを分析して解決していかなければならない、と思っている人もいると思います。

確かに、治療の中でそのような作業をすることはあります。しかしこれはよほど心が平和な人（治療者というだけでは足りません。心が平和で患者さんのプロセスを尊重している治療者であることが大切です）と一緒に取り組まないと、む

しろ自分の無力感や被害者意識を刺激してしまい、余計に傷が深まるという可能性もあります。

**手っ取り早く、しかも効果的なのは、「人の話を聴くこと」です。**一見関係がなさそうに感じられるでしょうから、どういうことか、ご説明しましょう。

人の話を聴き始めると、数秒のうちに、私たちの頭にはいろいろな思考が浮かんできます。それらの思考は、もちろん私たちのデータベースを通って出てくるものです。

人の話を、自分のデータに照合して、

「どうしてこんなことをするのだろう」

「こんなことをするから、この人はうまくいかないのだ」

「この話、よくわからない」

「いつも同じ話だ」

「話が下手な人だな」

などと評価を下したりします。

また、「賢《かしこ》いコメントを返さなければ」というデータベースからは、

「この話に対してどうアドバイスしたらよいのだろうか」

などと考えたりすることになります。


**この間、私たちは相手の話「そのもの」を聴いているわけではありません。自分の思考という「雑音」のほうを余計に聴いているくらいです。**

**こんなときには、思考が浮かんできた、ということに気づき次第、ただそれをちょっと脇に置き、再び相手の話に集中し直す、ということを何度も何度も繰り返すようにしてみましょう。**

「思考が浮かんできてしまった」と考えてしまうと、それもまた思考という「雑音」になるので、本当に軽やかに、ただそれをちょっと脇に置く、というのが最も実際に近いイメージです。

## 「何か言おう」とするのをやめてみる

また、相手の話を聴く際、

「解決してあげなければ」

「よいアドバイスをしなければ」

などという目的意識を持つのではなく、ただ相手の現在を聴こう、という姿勢でいることも重要です。

「解決」という目的があると、どうしてもデータベースが活躍してしまうからです。

実際にこのような聴き方は、相手にとってもとても多くをもたらすものになります。評価を下されず、無条件の肯定をもって聴いてもらえる、ということになるのですから。

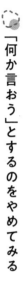

それは本当に安全な環境なので、ありのままの自分を表現することができます。自己防衛や自己正当化にエネルギーを割《さ》かなくてすむので、単に癒やされるだけでなく、話しながら自分の気持ちがまとまったり、前進したりすることも多いです。

聴き手側は、こんな聴き方を繰り返していると、自分の「データベース」をちょっと脇に置く、ということがだんだん容易になってきます。すると、「データベース」の内容そのものに取り組まなくても、自分の人生に与える影響が軽くなるのです。

# 8章

# 「自分のペース」を乱さない

## ――心の傷は何気ない毎日が優しく癒やす

## 変わらない生活習慣が「気持ちの安定」をつくる

5章で、「自分についての感じ方をよくし、『自分を認められる』ようになるには、安定した価値観を持つことが重要」というお話をしましたが、安定した価値観を持っている人は、概《おおむ》ね、自分なりの安定した生活習慣を持っているものです。

それが、自分の心の居心地をよくするということを知っているからです。

早起き、運動、瞑想、音楽、読書、庭仕事、料理、丁寧《ていねい》にコーヒーをいれる、ちょっとしたストレッチなど、何でもよいのです。歯磨き、入浴などは誰もが当たり前のように持っている習慣とも言えますが、それらも、どのくらい「習慣」

と心がけて丁寧にするか、「とにかくきれいになればよい」程度に乱雑に流すか、によって、だいぶ位置づけが変わってきます。

すでに触れましたが、不本意な出来事に見舞われたとき、日常の習慣があると、そんな出来事に振り回されずに、自分のペースを取り戻しやすくなります。それこそ、丁寧に歯磨きするだけでも、心の平和を取り戻すことができたりするのです。

不本意な出来事を「自分はダメだ」という感覚に変えないためには、できるだけそれを単なる「偶然」にとどめること。自分の習慣によって生活全体のペースを整えていけば、単なる「偶然」にとどめやすくなります。

そして、**何が起こっても日常生活を送ることができるのだな、という感覚を得ることができれば、「自分を認められる」人生の始まりです。**

もちろん、状況によっては「いつも通りの形」が難しくなることもありますが、その習慣の「要素」を何らかの形で実践できるだけで違います。
くれぐれも「べき」ではなく、自分の「定点」ととらえてみてください。

## 「悲劇の主人公」になりがちな人へ

自分への信頼を高めるためには、「まあ、何とかなるだろう」という感覚が必要だということをお話ししてきました。「不本意な出来事」に突然見舞われると、この感覚が失われます。

4章でお話ししましたが、トラウマ体験に見舞われたとき、正常なストレス反応が病気に至るかどうかには、人からの支えや、「日常生活」が大切な要素です。「不本意な出来事」の体験についても同じことが言えます。

日常の習慣がなぜそれほど大切なのでしょうか。

私たちは日常生活を送る生き物です。

何が起こっても大丈夫な自分に！

マンネリ感は多かれ少なかれあるとしても、その生活を支えているのは「まあ、何とかなるだろう」という感覚です（無意識のものですが）。

日常生活のどこかを「もしかしたら危険なのでは」と疑い始めたら、とても生活が成り立たないからです。

「不本意な出来事」は、その日常を乱しますし、日常に意味がないような気持ちすら引き起こすことがあります。

その波に飲み込まれてしまうと、「不本意な出来事」に振り回され、「まあ、何とかなるだろう」という感覚を見失ってしまいます。

日常の習慣は、その「歯止め」とも言えるものです。

「不本意な出来事」から受ける衝撃は、「こんなに悪いことが起こったんだよ。どうするの？　生きている価値があるの？　何かしなければならないんじゃないの？」というようなメッセージを送ってくることが多いです。

それでも、**日常の習慣を守っていれば、だんだんと衝撃が収まってきます。**衝撃については60ページでお話ししましたが、どこかにぶつけた身体の痛みと同じように、深掘りさえしなければ時間と共に収まってくるものなのです。

深掘りしないで時を待つ、ということであれば、いつも通りの日常の習慣ほど役に立つものはありません。

# どうしても現実から逃げたくなったら

日常的な習慣、と言っても、人によっては、「どうしてこんなことに」「どうして自分だけ」と思ったときに飲酒などで現実逃避をする習慣を持っている人がいます。しかしこれは当然、アルコール依存のリスクを伴うものです。

アルコールの大量摂取はうつにもつながりますし、対人関係にもネガティブな影響を及ぼしていきます。結果として、ますます「自分はダメだ」という感覚が強まることになります。

「逃げたい問題」を持っていることだけでも、私たちにとっては十分なストレスです。それに加えてアルコール依存やうつ病の問題を抱えることになったら、事態は深刻になりすぎると思います。

「不本意な出来事」については、どんな助けを求めてもよいと思いますし、4章で述べたように、出来事の内容よりも、人からの支えや、現在の生活の安定などが、「不本意な出来事」を心の病に導かない重要な要素であることは確かです。

ですから、正攻法で行っていただきたいと思います。

「不本意な出来事」は所詮「偶然」なのです。

私たちが運命をコントロールできない以上、どんな人の人生にも「不本意な出来事」は起こり得ます。

**心が乱されるような出来事が起こったときには、身近な人に打ち明けて共感してもらったり、今の生活を立て直すために「日常」を意識したり、人の力を借りたりすることが、とても重要なのです。**

どれほど大量に飲酒しても、とてもその代わりにはなり得ません。辛《つら》いことから逃げたい、という気持ちはよくわかりますが、自分らしく、満足感のある人生を諦めないためには、やはり必要なのは正攻法です。

自分の苦しさを認め、現在の生活を安定したものにできるよう、人に助けてもらったり自分で工夫したりすることなのです。

もちろん、人の助けを求める中で、一緒に飲む、などということもあるでしょう。

そこまで否定するつもりはありません。

要は主役が「アルコール」なのか、「人との関わり」なのか、ということだと思います。

アルコール依存になってしまうと、そこから抜け出すのに本当に大変な苦労が必要となります。もちろん、アルコールによる健康障害は、命にも関わり得るものです。

「不本意な出来事」に見舞われた上に、自分の人生を捨ててしまうのでしょうか。それではあまりにもったいないと思います。

もちろん、「アルコール依存になってしまった」ということも、認めるべき「現実」です。

それに伴う苦労も含めて、きちんと認めた上で、自助《じじょ》グループなどに参加すると、回復していけます。

アルコール依存からの回復は、形としては「断酒」という厳しい形をとるのですが、**そのプロセスは、「誰にも見せられなかった弱さ」を見せる、ということでもあります。**

**心を開くということなのです。**

4章でお話ししたことと同じで、心を開けば人が助けてくれやすくなる。結果として、ネガティブな目詰まりのない好循環に入れる、ということです。

## 自分を痛めつけるのだけはやめたほうがいい

この機会に日常の習慣を見直して、それが「自分を認めること」につながるものかどうかを考えてみるのはどうでしょうか。

大きな目安としては、その習慣が「自分についての感じ方」をよくするものか（自己肯定感を高めるものか）、その反対か、に注目してみるとよいと思います。

飲酒やストレス食いなどは、ほとんどのケースで、後悔や「自分はダメな人間だ」という感覚につながっていると思います。

自分についての感覚をよくする習慣、「安定した日常」という感覚を強めてくれる習慣を作っていけるとよいですね。

## 繰り返していると なぜか元気になる ヒント3つ

ここからは、生活習慣と同様に、自己肯定感を高め、「自分を認められる」ようになるために大切な「心の習慣」についてお話ししていきたいと思います。

いずれも意識することで実践できますし、繰り返し心がけているうちに習慣化できるものです。

ある意味、手っ取り早く、「自分を認められる」ようになる方法でもありますので、できるところから取り入れてみてください。

## 挨拶を「明るく」

これは「心の習慣」ではなく単なる生活習慣ではないか、と思われるかもしれません。

しかし、実は「明るく挨拶《あいさつ》する」ためには、相手の存在を尊重できるだけの心の余裕を持つことが必要です。

また、「自分なんて」と自分を否定する気持ちを振り払う、ということでもあります。

挨拶しない人の多くが、実は「自分なんかに挨拶されても嬉しくないだろう」という気持ちを持っているものです。

明るい挨拶は、できれば笑顔を伴うのが望ましいです。笑顔は「親しくしたい」というシンプルな意思表示です。

そのような挨拶をしていれば、相手は自分が尊重されたことを嬉しく思いますから、「敵」を作る機会が限りなく減るでしょう。
あるいは何かの拍子に「敵」ができてしまったとしても、普段明るく挨拶されている人たちが、バランスのとれた解決を味方してくれると思います。

## 時間だけは「ルーズにしない」

これも単なる生活習慣の話のように思われるでしょうが、時間を守ることは、「自分らしく幸せな人生」のために案外重要です。まず、そのこと自体が誠実な態度ですから、すでに「自分を認められる」ようになるためのキーワードを押さえています。

時間を守らない人とは信頼関係を築けない、と思う人も少なくありません。
「自分を認められること」の前提には自己肯定感がある、ということをお話ししてきましたが、人との間に起こる「好循環」は、誠実さがそのキーワードであることからもわかるように、信頼関係に基づくものです。

**個人における自己肯定感と同じ性質のものが、関係性における「信頼」なのです。**

**つまり、信頼関係があるところには好循環が生まれやすいでしょう。**

人との関係にも、「不信感」という目詰まりができてしまうと、好循環が成立しなくなってしまうのです。そもそも、時間にルーズであるということは、相手の時間を軽視しているということ。相手をないがしろにしていたら、信頼関係は築きにくいですよね。

また、現実的に、時間にルーズであることで、「幸運」を逃すこともあるでしょう。「時間にルーズな人には仕事を任せられない」と思う人は少なくないからです。

そもそも、時間にルーズというのはどういう生き方か、と言うと、余裕のない生き方、ということになります。

いつもバタバタとしていて、全体に余裕がない。そんな生き方で、自分についてよい感じを持つことは難しいと思います。

**約束の時間よりも少し早く行って、心を整える、というくらいの余裕を持っていれば、いろいろなことに余裕を持って対応することができると思います。**

そんな自分に対してよい感じが持てれば、「自分を認める」ことを支える「自己肯定感」も高まるはずです。

## 「つい笑ってしまう」機会をつくる

笑いは、それ自体が楽しい感覚をもたらすだけでなく、心身をリラックスさせ、肩肘《かたひじ》張った苦しさから私たちを解放してくれます。

「自分を認めること」は「好循環」、ということを考えると、**ネガティブな目詰**

**まりは、笑いによって洗い流される**、と感じられるときがたくさんあります。

緊迫した人間関係でも、笑いを共有すると、急に打ち解けたものになります。深刻に思い詰めているときにも、つい笑ってしまうと、どうでもよいような気になってきます。

笑いには、実に大きな効果があるものです。

ユーモアの素質がある人は、自分から笑いをたくさん作り出したり、見つけたりすることができるでしょう。そうでない人は、笑わせてくれるものをできるだけ体験しましょう。

**ただし、人の悪口を基盤にしたような笑いは、要注意です。どうしてなのかと言うと、その「笑い」自体が、「被害者意識」をネタにしている、とも言えるからです。**

つまり、「自己肯定感を下げる」領域で笑っても、「自己肯定感を高める」ようなものにはならないのです。

「人間って本当に不完全だなあ」という類の笑いであれば、誰かを排除するようなものではありません。落語などはこういうタイプのものが多いように思います。

つい笑ってしまうお気に入りの映画などを常備しておけば、いつでも「どうせ自分は」といった感情を吹き飛ばせるのではないでしょうか。また、「思い出し笑い」も、なかなかよいものだと思います。

## とても役に立つ「気持ちのコントロール」のコツ

人から怒られたとき、あるいは自分が怒りを禁じ得ないような状況に置かれたときには、「どうしてこんなことに」と感じるでしょう。

たとえば前項の例で言えば、自分は時間を守っているのに相手がルーズ、というようなときには怒りを感じるかもしれません。

**「怒り」という感情の扱い方は、「自分を認められること」に直結してくるものです。怒りは、ネガティブな目詰まりを起こし、好循環を妨げるからです。**

実は、人が怒っているときというのは、困っているとき、と言い直すことができます。今まで自分が感情的に怒ったときのことを思い出してほしいのですが、そういうときには必ず困っていませんでしたか？

人間が「怒り」を感じるのは、基本的に「予定狂い」のときです。「こんなはずではなかった」という思いが、怒りとして感じられるのです。

「こんなはずではなかった」という状況は、つまり、困っているということです。

**「怒っている」＝「困っている」という自動翻訳は、他人に対しても、自分に対しても、とても役に立ちます。**

## 「ムカッ」とくるのはどんなとき？

他人に対しては、「自分が責められているわけではなく、相手が困っているだけなんだな」と思えれば、余裕も生じます。相手を気遣《きづか》ったり、助けてあげたりすることもできるでしょう（もちろん、現に嫌なことを言われているわけですから、親切にしてあげなくてもよいのですが）。

自分に対しては、「怒ってしまうなんて、自分はなんて人間として器が小さいのだろう」という自責感から解放されて、「自分は困っている。では、誰に助けを求めればよいのだろう」と前向きに思考を進めることができるようになります。

いずれも、自己否定から脱し、対人関係をスムーズにする、という点で、「自分は大丈夫」という好循環への回復を早めるものだと言えます。

なお、怒りが尋常《じんじょう》でない人の場合、その怒りはトラウマ症状である可能性があります。自分を脅かすと感じる相手に対して、滅茶苦茶《めちゃくちゃ》に自己防衛する、という症状なのですが、「困っている」という基本は同じです。「困り方」も尋常でない、というだけのことなのです。もちろん、治療の対象になります。

# 人は「見返り」を期待してしまうもの

「自分を認めること」のキーワードは「好循環」。

ものであれ親切な行いであれ、人に何かを与えるとき、「自分を認められる人生」のために目指したいのは、「見返りがある」ということではなく、「それによって好循環に入る」こと。自分が与えたものが自分に返ってくるだけでは、「好循環」とは呼びませんね。

ですから、何かを与えるときには、「見返りを期待しない」ことが、「自分を認められる人生」につながりやすい、とイメージできると思います。

「見返りを期待しない」というのは、「べき」の世界ではよく言われてきたことです。

でも、ここではあくまでも「幸せで充実した人生を作るために」という目的に基づいてお話ししています。

小さなものやことでもよいのです。

公共交通で知らない誰かをさっと助けるとか、匿名《とくめい》寄付をコンビニのレジで少額するとか。

**本当に小さな親切が、「好循環」に入って、どこまで巡っていくだろうか、と考えると、それだけでも幸せを味わえそうです。**

## 「お返し」を気にしない関係性

「好循環」ということから、勘《かん》のよい方はもう気づいていらっしゃるかもしれません。

「見返りを期待しないで与える」の裏側にあるのは、「ありがたく受け取る」ということ。

心を開かないと人からの親切も受け取れない、ということを4章でお話ししましたが、**人の親切は（お返しなどを気にしすぎないで）ありがたく受け取る（もちろん、ありがたさは表現しましょう。多くの場合、それで本当に十分なのです）。**

**そして、自分は見返りを期待しないで人に与える。**

こんなスタイルで生きていると、「自分を認められる人生」が作られていきます。

## 「自分はこうありたい」こそが万能薬

「よい出来事」を求めると、どうしても結果ばかりに目がいきます。

何かがうまくいかなかったことから、「どうしてこんなことに」「どうして自分だけ」というところに直結してしまうのです。

しかし、「不本意な出来事」は起こります。

これは人として生きていく上の宿命みたいなもので、そこから逃げることはできません。そして、「結果」「成果」にばかりとらわれていると、どうしても「アンラッキー」に振り回されることになってしまうのです。

「不本意な出来事」があっても「何とかなる」という自分への信頼を手放さないですむためには、自分の「生き方」「あり方」に目を向けることです。

本書でもずっとお話ししてきた「誠実さ」もその一つ。

「自分は誠実でいたい」

「困った人を見たときは、無理のない範囲で助けていきたい」

など、自分が望む「あり方」を安定して持つことができれば、それはすなわち「安定した価値観」でもありますし、自分さえその気になれば「出来事」に振り回されずにできることです。

もちろん、「不本意な出来事」によって傷ついたり、衝撃を受けてしまったりしたときには、38ページや63ページでお話ししたように、「人間として当然の反応」を受け入れながら、自分をケアしてください。

**それはそれとして、「ダメな自分」を嘆くモードに入りそうになったら、「結**

**果」ではなく「あり方」に目を向けることによって、「何とかなる」という感覚を取り戻すことができます。**

前述しましたが、私は、価値を置く「あり方」を、「心の平和」としています。「誠実」とも「好循環」とも相性がよく、万能だなと思う毎日です。

他にも、1章でご紹介した「『べき』ではなく『したい』で生きる」、3章でご紹介した「人生を勝ち負けで考えない」ということも、「自分を認められる人生」のために大切にしたい心の習慣です。

# おわりに――自分のことを認めてあげる。すると「運」まで開けていく！

さて、最後に一つ質問です。

「あなたは、運がいい人ですか？」と聞かれたら、どう答えますか？

「はい」と答える人は、「たいていのことはうまくいく」「いざというときは何とかなる」という感覚を持っている人でしょう。

一方、「いいえ」と答える人は、「自分はいつも損してばかり」「どうせうまくいかない」という感覚が強い人なのだと思います。

ここまで読んでくださった方は、お気づきかもしれません。実は、「自分は運がいい・運が悪い」という感覚と、「自分を認められる・認められない」という感覚は深く関連しています。

「運の悪さ」はもちろん、「人生」というものについての不公平感としても感じられるでしょう。実際、人生は現象面では決して公平ではありません。

しかし、私がより重要だと思うのは、**「運の悪さ」が、むしろ「自分」についての感じ方に反映される**ということです。

「運」という言葉を聞くと、「宝くじに当たる」というような類のことを思いつく人もいるでしょう。しかし、「自分は運がいい」と思っている人は必ずしも宝くじに当たるような体験をしているわけではありません。世間的に見ればささやかで、いわゆる「勝ち組」ですらない、平凡で幸せな人生を歩んでいる人も多いのです。


私は精神科医であって、「どうすれば宝くじに当たりやすくなるのか」は、全くの専門外ですし、それについて語ることは大変な不誠実でしょう（私自身、福引きなどでは割と「ラッキー」に恵まれるほうですが、宝くじを買ったこともありません)。

それでも、**みなさんに「運がいい」と感じられるようになってほしいと思うのは、すなわちそれが、「自分を認められること」になるからです。**

本書では、自己肯定感を高め、「自分を認められる」ようになるための方法をご紹介してきましたが、これらを実践することで、自然と「運がいい」と思えることが増えていくでしょう。

その際、意識しておきたいのが、「ラッキー」と「運がいい」を区別することです。

一般に、「ラッキー」と「運のよさ」は似たような意味で使われていると思います。

しかし、「ラッキー」＝「運がいい」というわけではありません。

私は次のように定義しています。

「ラッキー」というのは、目で見てわかる、出来事としての幸運のこと。

たとえば、

・宝くじに当たる
・持っていた不動産の価値が、たまたま上がる
・ギャンブルで大もうけする
・予期していなかった遺産が手に入る

などを指します。

一方、「運がいい」というのは、「自分は運がいい」という感覚のことを指します。

**・出来事としての「運のよさ」＝「ラッキー」**
**・「自分は運がいい」という感覚＝「運のよさ」**

ここでは、「運」という言葉を使うのは、「自分は運がいい」という「自分についての感じ方」（後者）に限り、それ以外の出来事（前者）は「ラッキー」というカタカナを使ってお話ししたいと思います（正確に英語で言えば「ラック」なのですが、日本語としてなじみ深い「ラッキー」という言葉を敢えて使います）。まずはこの二つを区別すると、「運」についてのとらえ方の混乱を、ずいぶん整理することができると思います。

たとえば、「運のよさ」と「努力」が相反するものだというような苦しい考え（「自分は運がいい」という感覚が、自分の努力不足であるかのように感じてしまう、など）から解放され、気持ちのよい努力をしながら「運のいい人生」を楽しむこともできるようになると思います。

「ラッキー」と「運のよさ」の混同も一つの原因ですが、「運」についてはいろいろな感じ方やとらえ方をしている人がいて、中には「運」などには興味もない、という方もおられるでしょう。そんな方にも、ぜひ本書で紹介した「自分を認める」ための方法を実践していただきたいと思います。

「ラッキー」に恵まれても、たとえば宝くじに当たった人がむしろ不幸になる場合がある、というのはすでに報告されている事実です（人生のバランスがすっかり狂ってしまったり、人との関係がすっかり変わってしまったりして、結局、経済的にも対人関係的にも破綻してしまう、というケースが案外多く報告されています）。自分を支えてきた日常生活が崩れてしまうのです。

もちろん、当たった賞金をうまく活用して、「運がいい人生」を充実させる人もいるでしょう。

つまり、「ラッキー」に恵まれたとしても、それを「運のよさ」として受け取れるかどうかには、個人差があると言えます。

私は「ラッキー」そのものに対して否定的な気持ちは全く持っていません。私も「ラッキー」に恵まれたらいいな、とは思っています。
しかし、「ラッキー」が何の基盤もなくそのまま「運のよさ」に変わることはほとんどないだろうとも思っています。
その「基盤」の基礎は、「自己肯定感」ということになりますが、「自分は運がいい」という感じ方に達するためには、その基礎の上に「好循環」という要素が必要です。

**つまり、「運のよさ」とは、決して一つの「ラッキー」から得られる感覚などではなく、もっと総合的な「生き方」についての話なのです。**

「運のいい人」が「ラッキー」を受け取ると、その「ラッキー」が好循環に乗り、とてもよい形で「運のよさ」に貢献するのだろうと思います。

一方で、「ラッキー」に振り回されて人生の質を下げてしまっている人も相当数存在します。ギャンブルの世界にも多いでしょう。

「これさえうまくいけば」ということにすっかりとらわれてしまって、現実には何も得られていない。つまり、「これさえうまくいけば始まるはずの幸せな人生」が何も始まっていない、という人も多いのです。

もちろん中には、幸せな人生が始まるどころか、様々なトラブルに巻き込まれて「人生の終わり」とも感じられる事態を迎えている人もいます。

「ラッキー」を待っていても、「運のいい人」にはなれない、ということでしょう。

これだけ見ても、「ラッキー」と「運のよさ」を区別して考えることは、理にかなっていると思います。

ここまで見てくると、「運がいい」というのは、「ラッキー」に振り回されないことではないか、と思えてきます。

考えてみれば、**「運のいい人」になるためには主体的に生きることが必要、という原則からは、「ラッキー」に振り回されない、ということは案外基本的な条**

**件なのだと言えるでしょう。**

そうは言っても、「運のよさ」と「ラッキー」が全く無関係なわけではありません。「ラッキー」を呼び込むためのいろいろな情報が出回っていますが、もちろん中には「悪くない」と思うものもあります。

瞑想などの習慣を作る、というようなものもその一つです。しかし、「悪くない」と思う理由は、それが本書でお話ししてきた「日常の習慣」だからであり、「今」にいる手段だからであり、「心の平和」という「価値」にもつながるからです。

ですから、そこで得られるのは、一義的には「運のよさ」でしょう。もちろん「運のいい人」は、無駄なところに労力を費やしたりしませんし、対人関係にも恵まれますから、「ラッキー」なことも起こりやすくなるのでしょう。

また、**「運のよさ」を感じながら生きている人は、「ラッキー」も、「運がいい」という枠《わく》の中で生かすことができる**のだと思います。それこそ、本当にラッキーなことになりますね。

あくまでも重要なのは、「ラッキー」に「振り回されない」こと。

まとめると、

・「ラッキー」を待っていても、「運のいい」人生は始まらない
・「ラッキー」に振り回されてしまうと、人生の土台すら失ってしまい、むしろ「運が悪く」なることもある
・「アンラッキー」にそのまま巻き込まれると、「運は悪く」なる
・「アンラッキー」に直面しても、「運のいい」人生は可能である

ということになります。

「ラッキー」に恵まれたら、自分の「価値観」に基づいて、喜んで受け取ればよ

いだけのことです。そしてそれを人と分かち合ったりすることで、好循環に乗せていけばよいのです。

先ほど、「運のよさ」を、「自己肯定感に基づく好循環」と定義しましたが、そこには「自分はどう生きたいか」という「価値観」に基づく主体性が必要であり、自分や他人の「事情」を配慮できる、自分にも他人にも寛大な姿勢があります。

それらを**あくまでも「べき」で考えないときに、人生はいろいろなところがプラスにつながって、居心地がいいものになるのだと思います。**

そして、そこには「感謝」の気持ちがあることでしょう。「感謝」も「べき」で考えてしまうと苦しいものですが、いろいろなことがプラスにつながっている、という感覚を得られれば、それは自然な「感謝」になります。

「感謝」は、「すべき」ものではなく、気づいたら「している」ものなのだと思います。そして、気づいたらかみしめればよいでしょう。

そんな心境に達するために、本書が入り口としてお役に立てば幸いです。

なお、本書が自分とはとても遠い世界の話に感じられて、「何を言われても自分は運が悪い」という信念がみじんも変わらない方は、うつ病を患っている可能性があります。

うつ病には治療が一番です。ぜひ専門家に相談してみてください。うつ病の方は、どれほど前提を明らかにしても、本書を「べき」でしか読めないと思いますので、そんなところもチェックポイントになるでしょう。

水島広子

本書は、海竜社より刊行された『精神科医がみつけた　運のいい人、悪い人の心の習慣』を、文庫収録にあたり加筆・改筆・再編集のうえ、改題したものです。

# ふしぎなくらい心《こころ》の居心地《いごこち》がよくなる本《ほん》

著者　水島広子（みずしま・ひろこ）
発行者　押鐘太陽
発行所　株式会社三笠書房
〒102-0072 東京都千代田区飯田橋3-3-1
電話　03-5226-5734（営業部）03-5226-5731（編集部）
https://www.mikasashobo.co.jp
印刷　誠宏印刷
製本　ナショナル製本

 ISBN978-4-8379-3012-9 C0130



王様文庫

王様文庫

## 気くばりがうまい人のものの言い方

山﨑武也

「ちょっとした言葉の違い」を人は敏感に感じとる。だから……　◎自分のことは「過小評価」、相手のことは「過大評価」　◎「ためになる話」に「ほっとする話」をブレンドする　◎「なるほど」と「さすが」の大きな役割　◎「ノーコメント」でさえ心の中がわかる

## 使えば使うほど好かれる言葉

川上徹也

たとえば、「いつもありがとう」と言われたら誰もがうれしい！　◎会ったあとのお礼メールで⇩次の機会も「心待ちにしています」　◎お断りするにも⇩「あいにく」先約がありまして……人気コピーライターがおしえる「気持ちのいい人間関係」をつくる100語。

## 心が「ほっ」とする小さな気くばり

岩下宣子

「気持ち」を丁寧に表わす65のヒント。◎人の名前を大切に扱う　◎手間をかけて「心」を贈る　◎ネガティブ言葉はポジティブ言葉に　◎相手の「密かな自慢」に気づく　◎「ありがとう」は二度言う　……感じがよくて「気がきく人」は、ここを忘れない。

K30586

王様文庫

## 「プラス1秒」気分転換の心理学

清田予紀

たった1秒で心はリセットできる！　◎「うるさい」ほうが集中力が高まるワケ　◎相手が笑ったら、自分も笑ってみる　◎ふだん見えるところに何を置くか……「不安を取り除く」「その場に溶け込む」「イメチェンを図る」など、誰にも突然やってくる「こころのピンチ」に強くなれる本。

## 「疲れないからだ」になれる本

梶本修身

疲労回復専門医が教える、頭や心、体の疲れをいち早く回復させる方法　◎「疲れる前」に食べておくといいもの　◎「スタミナ食」は本当に効く？　◎「横向き」で寝ると疲れがとれる　◎冷えすぎ、暑すぎは想像以上に消耗する……忙しい毎日でも簡単にできる、リフレッシュのコツ。

## ちょっと「敏感な人」が気持ちよく生きる本

苑田純子［著］
長沼睦雄［監修］

「何かと気になりやすい」「つい頑張りすぎる」……その繊細さ、上手に使ってみませんか。◎「心配事」が消える〝ちょっといいヒント〟　◎大切にしたい「自分のペース」　◎「繊細さ」が活きる場所はこんなにある……自分の心を少しずつ軽くする本！

K30587

王様文庫

## つい、「気にしすぎ」てしまう人へ

水島広子

こころの健康クリニック院長が教える、モヤモヤをスッキリ手放すヒント。◎「他人の目」が気にならなくなるコツ　◎「相手は困っているだけ」と考える　◎「不安のメガネ」を外してみる……etc.　もっと気持ちよく、しなやかに生きるための本。

## つい、「まわりに合わせすぎ」てしまう人へ

水島広子

他人を気にして、自分の気持ちをグッと飲み込んだことはありませんか？　ちょっと心のブレーキを外してみると、「新しい世界」が開けてくる！　◎「どうしようかな」は〝進め！〟のサイン　◎「言いにくいこと」ほど、頑張って言葉にしてみる　◎「してはいけない我慢」の見極め方。

## いちいち気にしない心が手に入る本

内藤誼人

対人心理学のスペシャリストが教える「何があっても受け流せる」心理学。◎「マイナスの感情」をはびこらせない　◎〝胸を張る〟だけで、こんなに変わる　◎「自分だって捨てたもんじゃない」と思うコツ……etc.「心を変える」方法をマスターできる本！

K30588